Gerlind Bode (Herausgeberin)
Ich bin glücklich – ich lebe

Gerlind Bode (Herausgeberin)

# *Ich bin glücklich – ich lebe*

## Junge Menschen besiegen den Krebs

Verlag Butzon & Bercker Kevelaer
einhard verlag Aachen

*Quellenhinweis:*
Die Beiträge „Was ist Krebs?“ und „Wegweiser durch die Behandlung“ sind entnommen aus: „Was nun? Was tun! Ein Ratgeber für jugendliche Krebspatienten und ihre Freunde“, herausgegeben von der Deutschen Leukämie-Forschungshilfe – Aktion für krebskranke Kinder e. V., Bonn.

Die Deutsche Bibliothek – CIP-Einheitsaufnahme

**Ich bin glücklich – ich lebe :** junge Menschen besiegen den Krebs / Gerlind Bode (Hrsg.). – Kevelaer : Butzon und Bercker; Aachen : Einhard-Verl., 1998
(Lebensspuren)
ISBN 3-7666-0145-8 (Butzon und Bercker)
ISBN 3-930701-42-1 (Einhard-Verl.)

ISBN 3-7666-0145-8 Verlag Butzon & Bercker
ISBN 3-930701-42-1 einhard verlag


Umschlaggestaltung: Astrid Leson, Münster
Satz: Greiner & Reichel, Köln
Druck und Bindung:
Druckhaus Thomas Müntzer, Bad Langensalza

# Inhalt

# Ein Buch zum Mutmachen

Noch vor rund zwanzig Jahren kam die Diagnose Krebs bei einem Kind oder Jugendlichen einem Todesurteil gleich. Denn gegen die äußerst aggressiv verlaufenden bösartigen Krankheiten bei Kindern und heranwachsenden jungen Menschen gab es bis in die späten siebziger Jahre kein wirksames Mittel. Erst seit Beginn der achtziger Jahre mit Einführung der Polychemotherapie, also einer kombinierten Gabe verschiedener Zellgifte, konnten diese Krankheiten mit Erfolg behandelt werden und sind heute sogar in den überwiegenden Fällen zu heilen.

Krebs bei Kindern und Jugendlichen bedeutet grundlegend etwas anderes als Krebs bei Erwachsenen, denn bei Kindern kommen überwiegend andere Tumoren als bei Erwachsenen vor. In den meisten Fällen entwickeln sich diese schneller und neigen ausnahmslos zur Metastasierung, also Streuung in den ganzen Körper. Aus diesem Grund ist auch bei den jüngeren Menschen die Chemotherapie die wirksamste Behandlungsart, die – in manchen Fällen zusammen mit Operation und/oder Bestrahlung des Primärtumors – eingesetzt wird.

Am häufigsten erkranken Kinder und Jugendliche an Leukämien und Lymphomen, aber auch an Hirntumoren und anderen bösartigen Entartungen der Organ- oder anderer Gewebe. Es gibt bis heute keinen Hinweis auf die Ursachen dieser Erkrankungen, die anders als bei vielen Krebskrankheiten des Erwachsenen nicht durch eine entsprechende Lebensführung beeinflußbar sind. Weder den Patienten noch seine Familie oder seine Umgebung trifft die Schuld an einer solchen Krankheit. Das ist oft schwer nachzuvollziehen und verursacht eine große Unsicherheit und Hilflosigkeit bei den Betroffenen, wenn man nicht weiß, woher eine derart schwere Erkrankung kommen kann und wie man sie vermeiden könnte.

Trotz der guten Erfolge ist die Diagnose auch heute noch ein Schlag für die Familie, die meist ohne Warnzeichen davon überrumpelt wird und sich plötzlich mit einer lebensbedrohlichen Situation auseinandersetzen muß. Vielfach hat man bis dahin nur von negativen Verläufen gehört, meist auch einen nahen Verwandten an Krebs erkranken und sterben sehen. Man kann sich gar nicht vorstellen, daß eine solche Krankheit auch zu besiegen ist, weil es an entsprechenden Informationen fehlt. Die Literatur weist viele Berichte verwaister Eltern auf, die ihren Kummer über den Verlust des Kindes zu Papier gebracht haben.

Aber wo sind die Zeugnisse derjenigen, die es geschafft haben? Wenn Zweidrittel der Patienten wieder gesund wird, wo sind ihre Berichte?
Um den vielen neuerkrankten Kindern und Jugendlichen eine Hilfe zu bieten, ist die hier zusammengetragene Sammlung von Texten Jugendlicher und junger Erwachsener, denen es heute gut geht, besonders wichtig. Die Stärke, die die jungen Patienten im Verlauf ihrer Erkrankung und deren Behandlung hervorbringen, ist bewundernswert. Bei manchen hat es auch schon den gefürchteten Rückfall gegeben, und dennoch überwiegt der Mut zum Leben. Sie zeigen, wie sie in den verschiedenen Situationen die Zähne zusammenbeißen und „da durch“ wollen, auch wenn ihnen manchmal zum Aufgeben zumute wäre. Sie beschreiben, wie wichtig sie die Unterstützung ihrer Eltern und/oder Geschwister empfanden, wie sie sich aber auch manchmal von ihren Eltern „abnabeln“ mußten, um ihre gerade gewonnene Selbständigkeit nicht wieder aufzugeben.
Freundschaften sind ein wichtiges Kapitel; nicht jeder Freund, nicht jede Freundin kann eine solche Belastungsprobe durchhalten. Auch hier müssen die jungen Menschen ihren eigenen Weg finden und werden manchmal schneller reif oder erwachsen als ihre Altersgenossen.
Die Behandlung hinterläßt tiefe Wunden seelischer und oftmals auch körperlicher Art. Einige Patienten empfinden es zunächst als unerträglich, daß ihnen die Haare ausfallen, gewöhnen sich aber angesichts der Bedrohlichkeit der Krankheit recht schnell an diese „Nebensache“. Andere müssen sich damit abfinden, daß sie ein Bein oder einen Arm verlieren, um den Tumor loszuwerden. Sie müssen die Behinderung in Kauf nehmen, um eine Chance zum Überleben zu gewinnen.
Die Chemotherapie ist anstrengend und von vielen Nebenwirkungen begleitet. Die Patienten kommen unter der Behandlung an die Grenzen ihrer körperlichen und seelischen Belastbarkeit, die sie nur ertragen können, wenn sie stets das Ziel, wieder gesund werden zu wollen, vor sich sehen können. Neben der Familie muß auch das medizinische und psychosoziale Team der behandelnden Klinik viel Unterstützung geben, damit diese Zeit zu meistern ist.
Für viele Patienten ist die Integration in den Alltag nach Rückkehr aus dem Krankenhaus ein schwieriger Prozeß. Und auch Jahre nach der Erkrankung bleibt immer noch die Angst vor einem möglichen Rückfall, die kann keiner nehmen. Sie müssen – jeder für sich – einen Weg finden, damit zurechtzukommen. Es gibt eine Reihe von Angeboten für Jugendliche und junge Erwachsene, wo sie sich mitteilen können und sie mit ihren Sorgen aufgefangen werden. Es

gibt gemeinsame Treffen, speziell organisierte Freizeiten, und es gibt Bücher, die in den verschiedenen Situationen weiterhelfen. Im Anhang wird darauf hingewiesen.
Im Dachverband „Deutsche Leukämie-Forschungshilfe“ haben sich die Elterngruppen der verschiedenen Kinderkrebskliniken zusammengeschlossen, um sich gemeinsam für die Belange krebskranker Kinder und Jugendlicher sowie deren Familien einzusetzen. Mit diesem Buch soll ein weiterer Beitrag für die Verbesserung der Situation der Betroffenen geleistet werden. Fragen, die möglicherweise hier nicht beantwortet werden, können gern an uns gerichtet werden. Wir stehen unter der Telefon-Nr. 0228/91394–30 zu den üblichen Arbeitszeiten zur Verfügung.

*Gerlind Bode*
Koordination
Deutsche Leukämie-Forschungshilfe

Bettina Schaum

# „Leb deinen Traum“

Es fing Mittwoch nach Weihnachten an, im Dezember 1989.
Ich wachte nachts auf, weil ich plötzlich starke stechende, ziehende Schmerzen in der linken Brust verspürte, die auch am Tag nicht abnahmen. Also verkroch ich mich für einen Tag ins Bett. Ich dachte, ich hätte mir vielleicht einen Zug geholt, weil ich vor dem offenen Fenster geschlafen hatte.
Am nächsten Morgen ging es mir dann auch besser, ich fuhr in die Stadt. Doch plötzlich fing es oberhalb der Brust wieder an zu schmerzen. Der Schmerz dehnte sich diesmal auf die ganze linke Seite des Oberkörpers aus. Ich fuhr sofort nach Hause und legte mich wieder ins Bett. Freitagmorgen ging ich zu meinem Hausarzt, der meinen Brustkorb abtastete, aber nichts feststellen konnte. Er erklärte die Schmerzen damit, daß meine Brust wachsen würde. Von dem Tag an waren die Schmerzen spurlos verschwunden, so daß ich mir weiter keine Sorgen machte.
Beim Zeitungsaustragen am Donnerstag, den 15. Februar verspürte ich wieder leichte elektrische Schmerzen in der linken Seite meines Brustkorbs. Ich beschreibe diese Schmerzen immer mit „elektrischen Schmerzen“, weil es mir so vorkam, als würde mein Brustkorb leichten Stromschlägen ausgesetzt. Ein Ziehen und Stechen durchfuhr meine ganze linke Seite.
Freitag, als ich aus der Tanzstunde kam, wurden die Schmerzen sehr stark. Kleine Bewegungen schon taten mir weh, und ich fühlte mich so, als würde mich jedesmal ein Stromschlag durchfahren. Ich sagte zu meinen Freundinnen: „Hört auf zu lachen, es tut so weh, wenn ich lache.“ Abends, als ich mich dann hinlegen wollte, wurde es noch schlimmer; ich konnte mich kaum noch bewegen vor Schmerzen. Außerdem kam jetzt noch hinzu, daß ich schlecht Luft bekam, und das versetzte mich endgültig in Panik. Besonders wenn ich lag, bekam ich kaum Luft, also verbrachte ich die Nacht halb im Sitzen.
Am Samstag ging ich wieder zu meinem Hausarzt, der sagte, daß ich eine Lungenentzündung hätte, und mir Bettruhe und Antibiotika verordnete. Als ich Dienstag zur Kontrolle ging, sagte er mir, daß sich noch nichts gebessert hätte, und stellte außerdem noch eine Rippenfellentzündung fest. Eine Woche später, als sich immer noch keine Besserung zeigte, wies er mich mit einer Lungen- und Rippenfellentzündung ins Krankenhaus ein.
Hier fing man an, über einen „dunklen Schatten“ in meiner Lunge zu spre-

chen, den man auf den Röntgenbildern entdeckt hatte. Die Ärzte hatten allerlei Vermutungen, unter anderem Tuberkulose, und führten weitere Untersuchungen durch. Sie punktierten meine Lunge, machten ein CT (Computer-Tomogramm) und punktierten schließlich noch einmal ganz genau den schwarzen Schatten in meiner Lunge. Zum Schluß machten sie noch ein Knochenszintigramm, wobei sie eine Auffälligkeit in meinem rechten Fuß entdeckten, den sie dann sofort achtmal röntgten, um festzustellen, daß es sich wohl nur um eine Überlastung, ein Überbein handelte. Ich wußte bis dahin immer noch nicht, was sie eigentlich suchten, ich hatte wirklich keinen blassen Schimmer.

Nachdem das Gespräch über das Ergebnis dreimal verschoben worden war, war es Donnerstag, den 8. März endlich soweit. Mein Papa hatte sich an diesem Tag extra frei genommen. Wir verbrachten den ganzen Tag zusammen. Wir gingen auf dem Dachgarten spazieren, wo uns eine Bekannte begegnete, die Brustkrebs hatte. Ich erzählte meinem Papa, wie schlimm ich das fände. Wir redeten daraufhin lange über Krebs. Mein Vater versuchte mir klarzumachen, daß Krebs heilbar sei, daß Krebs schon lange nicht mehr ein endgültiges und absolutes Todesurteil, wie früher, darstelle. An diesem Nachmittag versuchte er, mir Hoffnung zu machen und mich die Krankheit von einer anderen Seite sehen zu lassen.

Gegen 17.00 Uhr rief man dann zuerst meine Eltern ins Arztzimmer und holte mich später dazu. Als ich hereinkam, sah ich meine Mutter weinen. Der Arzt fing an, mir zu erklären, daß ich einen Tumor in den Rippen hätte, der bis in die Lunge hineingewachsen sei. – Einen Tumor? – Ich müßte jetzt eine Chemotherapie machen, und meine Haare würden mir wohl ausfallen. – Chemotherapie? – Bei diesem Wort dachte ich an Krebs, denn Chemotherapie kannte ich nur im Zusammenhang mit Krebs. – Hatte ich Krebs? – Es würde einige Monate dauern, bis ich wieder gesund sei, sagte er. Er sprach da von Monaten, und ich verstand gar nichts mehr. – Ein Tumor, was war das?

Ich weiß noch, ich blickte aus dem Fenster, alles um mich herum schien auf einmal so grau und dunkel zu werden. Monate? Was war das alles? Ich wollte aufwachen, aufwachen aus diesem Alptraum. Alles war so kalt, meine Zukunft kam mir so grau, so weit weg vor. Sie sagten: „Tina, du kannst weinen, toben, schreien!" Doch ich saß nur still da und starrte vor mich hin – und das war viel schlimmer.

Später fragte ich den Arzt, ob ich denn Krebs hätte. Er sagte: „Viele Leute sagen dazu Krebs, aber das ist falsch, denn deinen Tumor kann man heilen." Daran klammerte ich mich erst einmal, denn Krebs bedeutete für mich damals noch Tod.

Ich weiß heute nicht mehr, was die nächsten Tage so passierte. Ich kam aus diesem Krankenhaus heraus. Meine Mutter muß wohl unheimlich viel herumtelefoniert haben und faßte dann den Entschluß, daß ich in einer anderen Klinik behandelt werden sollte. Ich genoß die letzten paar Tage, dachte viel nach, machte lange Spaziergänge und schnitt meine Haare ab, jetzt wo sie sowieso bald ausfallen würden. Ich hatte Angst vor dem, was kommen würde, wie es mich, mein Leben verändern würde. Welch eine Macht diese Krankheit über mich haben würde, begriff ich damals noch nicht.
Am Dienstag, den 13. März wurde ich in die Klinik eingeliefert. Ich erinnere mich noch an den ersten Eindruck meiner Station. Vor mir lag ein langer, dunkler Gang. Ich hatte das Gefühl, daß mir die Decke auf den Kopf fallen würde. Und überall liefen glatzköpfige Kinder herum. Ich war froh, die Station noch einmal für kurze Zeit verlassen zu dürfen. Ich war mit meinen 15 Jahren auf einer Kinderstation gelandet, worüber ich aber letztlich sehr froh war.
In meinem Zimmer hing ein Kalender für krebskranke Kinder. Ich fragte also meinen Papa nochmals, ob ich nicht doch Krebs hätte, und er sagte: „Ja.“ Seine Antwort erschreckte mich jetzt eigentlich schon gar nicht mehr so sehr, denn es hieß jetzt sowieso: mit der Therapie anfangen und irgendwie da durch. Außerdem glaube ich, daß ich Wochen brauchte, bis ich begriff, was ich eigentlich hatte, was da mit mir passierte. Am Anfang ging alles so schnell, daß es gar keine Zeit gab, groß darüber nachzudenken. Ich glaube, so richtig bewußt wurde mir erst, wie krank ich war, als mir die Haare ausfielen. Dieses fremde Gesicht, das mich da aus dem Spiegel heraus ansah, das sah krank aus.
Mir passiert es aber auch heute noch manchmal, daß ich richtig zurückschrecke, wenn ich das Wort „Krebs“ ausspreche und es mit mir in Verbindung bringe. Es hört sich vielleicht komisch an, aber ich glaube, daß das Wort an sich für mich so erschreckend ist, weil viele Leute es immer noch mit dem Tod gleichsetzen, ich es aber während meiner Krankheit nie so ernst empfunden habe. Ich wußte: Ich muß da irgendwie durch, aber daß ich dabei sterben könnte, darüber habe ich nie so bewußt nachgedacht. Es hieß halt einfach, zu kämpfen und die Therapie hinter sich zu bringen.
Meine erste Chemotherapie bekam ich dann am Mittwoch. Ich weiß nicht mehr, was ich damals alles bekam, ich glaube Endoxan, Alexan und Vincristin. Ich weiß nur, daß es mir während der Therapie ziemlich beschissen ging. Ich habe gekotzt, was die Schüsseln hielten (und ich sage hier „kotzen“, weil „brechen“ ein viel zu harmloser Ausdruck dafür ist).
Die Schwestern sagten mir immer, ich würde alle Rekorde auf der Station bre-

chen. Oft hing ich stundenlang alle 10 bis 15 Minuten über der Schüssel und fand auch nachts keine Ruhe. Ich muß aber auch sagen, daß es damals noch nicht dieses Mittel, das sich Zofran nennt, gegen das Kotzen gab. Da ich während der Tage, an denen ich Chemo bekam, nichts mehr aß, war bald auch nichts mehr da zum Kotzen, und so kamen nur noch Galle und die wenigen Schlucke Tee, die ich vorher heruntergewürgt hatte, damit mir das Ganze nicht so weh tat. Einmal nahm ich binnen fünf Tagen etwa fünf Kilo ab.

An diesen Tagen wollte ich niemanden sehen, auch keine Freunde. Nur meine Eltern duldete ich in meiner Nähe. Ich lag die meiste Zeit apathisch im Bett und wartete, daß es vorbei sei. Die Zeit verging endlos langsam; ablenken konnte ich mich nicht groß, höchstens mal durch etwas Fernsehen.

Etwa 24 Stunden nach dem letzten Beutel der Therapie ging es mir besser. Ich durfte einen Tag nach der Chemo wieder nach Hause. Und da hätte man mich mal sehen sollen: Auf einmal konnte ich wieder laufen und war fit, denn ich wollte ja auch nach Hause. Eine Freundin meiner Mutter sagte einmal zu mir: „Tina, gestern lagst du noch halbtot in deinem Bett, und heute springst du schon wieder herum.“ – Ja, so war es wirklich, denn es war erst einmal vorbei, und es ging für zweieinhalb Wochen nach Hause. Doch es war nicht gleich alles wieder in Ordnung, denn die ersten Tage hatte ich immer noch Probleme mit meinem Magen vom vielen Kotzen. Außerdem hatte ich oft Probleme mit dem Stuhlgang, da die Chemotherapie auch den Darm angreift.

Nach drei Chemotherapien, die jeweils zwischen drei und fünf Tagen dauerten, wurde ich operiert. Der Tumor, der vorher etwa apfelsinengroß gewesen war, war bis auf 1,5 mal 1,2 cm zurückgegangen. Meine Eltern schienen unheimliche Angst vor der Operation zu haben. Ich muß jedoch sagen, daß ich eigentlich froh war, denn danach würde der Tumor endlich weg sein. Vorher kam es mir nämlich so vor, als hätte ich eine tickende Zeitbombe in mir, die jeden Moment explodieren könnte.

Als der Tumor dann draußen war, fühlte ich mich schon fast gesund, man sah ja keine bösartigen Zellen mehr.

Die Operation an sich war schon schwer. Man entfernte mir zwei halbe Rippen und ein Stück meiner Lunge, in die der Tumor hineingewachsen war. Ich lag zwei Tage auf der Intensivstation, an die ich mich fast gar nicht erinnern kann, weil ich andauernd schlief. In mir wimmelte es nur so von Schläuchen, und ich war sehr schwach. Aufsetzen konnte ich mich nur schwer, weil das mit großen Schmerzen verbunden war.

Anfangs konnte ich wegen der Narbe meinen linken Arm kaum bewegen. Dar-

aufhin bekam ich viel Krankengymnastik verordnet; auch meine Lunge mußte erst einmal wieder trainiert werden. Mir ging es körperlich noch nicht sehr gut. Um so entsetzter reagierte ich, als mein Professor eine Woche nach der Operation zu mir sagte, daß er morgen gerne mit der Chemo weitermachen würde. Ich hatte gehofft, wenigstens jetzt etwas Ruhe zu haben, um mich erholen zu können.
Ich vertrug die Chemo zum Glück recht gut, mußte kaum kotzen, was nämlich auch noch sehr weh tat, dieses abrupte Aufsetzen und Würgen. Außerdem war ich sowieso sehr geschwächt.
Nach zweieinhalb Wochen durfte ich dann endlich nach Hause und hatte wieder zweieinhalb Wochen Pause. Ich bekam Gott sei Dank kein Fieber und hatte keine schlechten Blutwerte, so daß ich zwischen den Chemos nicht ins Krankenhaus mußte und mich die zweieinhalb Wochen wirklich erholen konnte. Erst gegen Ende der Therapie passierte es, daß meine „Leukos" schlecht waren und die Therapie um eine Woche verschoben werden mußte, was mir allerdings ganz gut tat.

### *Freunde*

Während meiner Krankheit verlor ich den Kontakt zu vielen Bekannten. Ich hatte nur noch wenige enge Freunde, die aber immer für mich da waren. Von meiner damaligen Klasse war ich ehrlich gesagt sehr enttäuscht, weil sich da außer meinen drei besten Freundinnen keiner meldete. Es hieß immer, die Leute hätten Angst vor so etwas; sie wüßten nicht, wie man damit umgehen sollte bzw. was sie sagen sollten. – Na und? Das war für mich keine Entschuldigung. Auch ich mußte erst lernen, damit umzugehen; für mich war die ganze Sache doch auch etwas Neues. Außerdem glaube ich, daß es für mich als Betroffene immer noch um einiges schwerer war. Ich mußte das nämlich selbst alles durchmachen und hatte nicht das Glück, nur begleitend daneben zu stehen. Und noch nicht einmal das konnten sie!
Ich besuchte meine Klasse häufig, um nicht ganz den Kontakt zu verlieren. Dabei gab ich mich immer ausgesprochen gelassen und fröhlich. Ich lachte viel und versuchte, es den Klassenkameraden damit etwas leichter zu machen, indem ich ihnen zeigte, daß ich durchaus nicht tot war, sondern daß ich noch lachen konnte. Aber auch das brachte nichts, und irgendwann wurde es mir dann zu blöd, so daß meine Besuche immer seltener wurden.

In den Behandlungspausen blieb ich viel zu Hause; ich mied große Menschenmengen, weil man mir gesagt hatte, daß ich mich vor Infektionen schützen müßte.
Wie gesagt, die einzigen Freunde, zu denen ich die ganze Zeit über engen Kontakt hatte, waren meine drei besten Freundinnen, die ich aber auch schon seit der 1. Klasse oder länger kenne. Und außerdem waren da natürlich noch meine Eltern und meine Hauslehrer. Ich hatte nämlich drei eigene Lehrer, die während meiner Krankheit zu mir nach Hause kamen und es mir ermöglichten, daß ich später ganz normal in meine alte Klasse zurückkehren konnte.
Mit meinen drei Lehrern verstand ich mich sehr gut, tue das auch heute noch; mit ihnen konnte ich wirklich über alles reden, auch was meine Ängste in bezug auf die Krankheit betraf. Sie hatten schon andere krebskranke Schüler gehabt und waren so bereits mit den Problemen und Ängsten vertraut. Ich erhielt jeden Tag mehrere Stunden (bis zu vier Stunden) Unterricht, und wenn es mir einmal nicht so gut ging oder wenn mir einfach mal nicht nach Unterricht war, schwatzten wir halt nur.
Ich merkte, daß ich während meiner Krankheit um einiges reifer geworden war und auch viel mehr Verständnis bei Erwachsenen fand; ich hörte mich ja mit meinen 15 Jahren schon selber wie eine Erwachsene an.
Ich glaube, meine Freundinnen konnten nie ganz verstehen, was ich da durchmachte, weil ich während der Chemos nie jemanden sehen wollte, außer meine Eltern, die immer bei mir waren. Zu Hause ging es mir ja immer schon wieder einigermaßen gut. Ich hätte auch gar nicht so gut mit ihnen reden können, weil es mir so schwer fiel, Ängste zu zeigen.
Zugegeben, die Angst, die man bei den anderen spürt, ist viel schlimmer zu ertragen, da sie einem nämlich zeigt, daß es wirklich nicht so gut aussieht.
Ich glaube, mich hat auch die Oberflächlichkeit, die ich oft antraf, abgeschreckt, diese Oberflächlichkeit, die daher kommt, daß die anderen ganz einfach die Gefühle und Gedanken nicht verstehen können. Ich glaube, das kann nur jemand verstehen, der selber mal in dieser „Scheiße“ gesteckt hat. Ich habe später viele andere krebskranke Jugendliche kennengelernt: Es hat mir gutgetan, mit ihnen zu sprechen; man mußte nicht lange und umständlich erklären, was man meinte – sie kannten es, sie wußten ohne große Worte, worum es ging.
Nach der Operation hieß es noch weitere neun Chemos hinter sich zu bringen, bis dann endlich am 16. Dezember 1990 die Therapie beendet war. Es hatte also zehn Monate gedauert, bis ich wieder gesund war. In diesen zehn Monaten

habe ich mich sehr verändert, ich bin sehr viel reifer und erwachsener geworden.
Einen Monat nach der Therapie ging ich wieder ganz normal in die Schule, in meine alte Klasse zurück. Der neue Anfang fiel mir sehr schwer, denn ich hatte ja noch keine Haare. Außerdem verstand ich viele meiner Klassenkameraden nicht, sie kamen mir sehr albern und jung vor. Sie lachten über Dinge, die ich nicht verstand; sie hatten Probleme, die ich nicht mehr kannte. Ich verstand ihre Probleme genauso wenig, wie sie meine verstanden. Ich war oft in mich gekehrt. Doch mit der Zeit wurde auch das wieder besser.
Ich beendete die 10. Klasse und wechselte auf eine neue Schule, auf ein Oberstufengymnasium, wo es mir gut gefiel. Mir ging es wieder richtig gut, das Leben hatte mich wieder. Ich verbrachte einen wundervollen Monat in Amerika und war auch sonst sehr aktiv.
Die Zeit im Krankenhaus vergesse ich nie, und oft legt sie sich wie ein dunkler Schatten über mich.
Im ersten Jahr ging ich regelmäßig einmal im Monat zur Nachsorgeuntersuchung ins Krankenhaus. Ich hatte oft noch Schmerzen und jedesmal die Angst, daß es sich um einen Rückfall handeln könnte. Anfangs hatte ich wirklich bei jeder Nachsorgeuntersuchung ein Wehwehchen. Eigentlich fand mein Arzt nie eine Erklärung dafür, und irgendwann fand ich mich mit der Tatsache ab, daß alles wohl als Nachwirkungen der Chemotherapie anzusehen war.
Mit der Zeit besserten sich die Schmerzen; ich glaube, das hing auch damit zusammen, daß mich meine Angst vor einem Rückfall mehr und mehr verließ. Das berühmte Sprichwort „Die Zeit heilt Wunden“ traf auch bei mir zu. Je mehr Zeit verging, desto mehr trat die Krankheit in den Hintergrund, und der Alltag zog wieder ein. Meine Angst vor einem Rückfall wurde weniger. Außerdem hatte ich mir eine „These“ erstellt, die ich hervorholte, wenn ich mal wieder Angst bekam. Ich beruhigte mich damit, daß drei Chemotherapien ausgereicht hatten, um einen apfelsinengroßen Tumor auf ein Reststück von 1,5 mal 1,2 cm schrumpfen zu lassen. Bei der Operation hatte man festgestellt, daß auch das verbliebene Reststück keine aktiven Krebszellen mehr enthielt. Der Tumor war also durch drei Chemotherapien restlos vernichtet worden. Drei Chemotherapien hatten also ausgereicht, Millionen von Krebszellen zu töten. Die folgenden neun Chemotherapien müßten so doch in der Lage gewesen sein, alle noch vorhandenen Krebszellen zu töten. Nach der Operation waren ja keine Krebszellen mehr nachweisbar gewesen und so vielleicht höchstens noch ein paar Tausende im Kampf gegen die neun Chemotherapien übriggeblieben.

Das hörte sich für mich absolut logisch an, und ich hielt es mir immer wieder vor Augen, wenn ich Angst bekam.

Endlich,
endlich bin ich wieder frei.
Endlich
kann ich wieder tun, was ich will.
Endlich
setzen sich nicht dauernd Grenzen vor mich.
Endlich
ist es wieder meine Zeit, über die ich frei verfügen kann,
die mir keiner nehmen kann.
Endlich
kann ich wieder so sein, wie ich will.
Endlich
lebe ich wieder normal.
Endlich
ist die Angst halbwegs von mir gewichen.
Endlich
kann ich mich dem Leben wieder zuwenden.
Endlich
bin ich nicht mehr allein.
Endlich
kann ich wieder neue Wege gehen ohne diesen quälenden Alptraum.
Endlich
sehe ich wieder das Schöne.
Endlich
kümmere ich mich wieder um Alltagsprobleme.
Endlich
hat mich das Leben wiedergefunden.
Und ich hoffe:
Dieses ENDLICH ist ENDGÜLTIG.

*Plötzlich ist er wieder da*

September 1992 – ich war bei meiner Freundin Melissa, wir alberten herum, als mich plötzlich ein stechender Schmerz durchfuhr, der nicht aufhören wollte. An diesem Abend ging ich sehr früh ins Bett, sagte aber meiner Mutter nichts, weil ich sie nicht beunruhigen wollte.
Am nächsten Tag war dieser Schmerz nur noch dumpf zu verspüren, doch er war immer noch da. Ich hatte Angst, ging direkt nach der Schule zu meiner Hauslehrerin und erzählte ihr davon. Ich wehrte mich erst dagegen, in der Klinik anzurufen, weil ich einerseits Angst hatte, sie würden mir nicht glauben und die Sache nicht ernst genug nehmen, weil mir schon oft hier und da mal etwas weh getan hatte. Andererseits gab ich mit einem Anruf vor mir selbst zu, daß es etwas Schlimmes sein könnte, und das hieß, ich müßte mich damit auseinandersetzen.
Ich rief dann doch in der Klinik an. Ich weiß nicht, was den Arzt überzeugte, meine Stimme oder wie ich es erzählte, ich bekam jedenfalls gleich für den nächsten Tag einen Termin. Das war Mittwoch; sie röntgten mich gleich siebenmal; danach konnte ich wieder nach Hause gehen. An diesem Tag waren die Schmerzen ganz verschwunden.
Donnerstag stellte sich beim Atmen so ein komisches Pfeifen ein, das von meiner Lunge kam. Freitag rief ich in der Klinik an, um nochmals sicher zu gehen, daß alles in Ordnung sei. Die Schwester sagte zu mir: „Ja, hat man dich denn nicht angerufen? Du sollst doch am Mittwoch zum CT kommen." Von da an hatte ich wirklich Angst. Die Schmerzen kamen und gingen wieder. Ich hatte Angst, daß alles wieder von vorne anfinge, daß ich nächste Woche schon wieder Chemo bekommen könnte, wieder im Krankenhaus bleiben müßte.
Die Tage bis Mittwoch zogen sich, ich wurde auch wieder etwas ruhiger, denn eigentlich ging es mir ganz gut. Nur Dienstag in der Schule war es komisch, ich saß da und dachte auf einmal: „Ich sehe das alles hier zum letzten Mal."
Mittwoch ging ich also zum CT. Zu diesem Zeitpunkt wollte ich meine Mutter noch nicht dabeihaben, weil ich das Ganze ziemlich locker nahm und sie nicht beunruhigen wollte. Ich mußte lange warten, bis ich dran war. Nach dem CT wollten sie mich nochmals röntgen, das kam mir schon sehr komisch vor: Ein CT ist doch viel genauer. Es hieß: „Du wirst gleich von einer Schwester abgeholt und auf deine Station gebracht." Solange sollte ich auf dem Flur warten. Wieso würde ich abgeholt werden? Was sollte das? Mußte ich denn dableiben? Unsicherheit und Angst stiegen in mir auf.

Dann ging alles sehr schnell. Es kam eine Schwester mit einem Rollstuhl, um mich abzuholen, ich durfte die paar Meter zur Station nicht einmal mehr laufen. Sie sagte mir, sie hätten Angst, daß meine Lunge kollabiere (zusammenfalle), weil ich einen Erguß auf der rechten Seite hätte (Erguß = Wundwasser zwischen Lunge und Rippenfell). Ich verstand gar nichts mehr. Am Tag zuvor hatte ich noch eineinhalb Stunden Badminton gespielt, keine Schmerzen oder Luftnot danach verspürt, und jetzt sollte ich noch nicht einmal die 400 Meter bis zur Station laufen dürfen?
Ich kam gar nicht auf meine Station, sondern ein Stockwerk tiefer. Dort wurde ich sofort in ein Bett gesteckt und durfte nicht mehr aufstehen; sie schlossen mich an ein Gerät an, das meinen Puls und den Sauerstoffgehalt im Blut überwachte. Ich saß da im Bett mit den paar Sachen, die ich dabeihatte – ich hatte ja gedacht, abends wieder nach Hause zu können –, und weinte. Ich war fix und fertig: Damit hatte ich nicht gerechnet. Ich wollte endlich einen Arzt sprechen und wissen, was eigentlich los war.
Kurze Zeit später kam auch mein Arzt von der Nachsorge-Ambulanz und klärte mich auf: Es handele sich nicht um einen Rückfall, sondern es habe sich ein Blutgerinnsel in meiner Lunge gebildet und festgesetzt, was nach einer Operation auch noch Jahre später passieren könne. Ich war also erst einmal beruhigt, kein Rückfall. Hauptsache: kein Krebs, alles andere war mir egal. Mein Arzt sagte, daß ich nur für ein paar Tage zur Kontrolle im Krankenhaus bleiben müßte. Ich rief meine Mutter an und beruhigte sie. Sie kam dann mit meiner besten Freundin und brachte mir ein paar Sachen.
Am nächsten Tag wurde ich erneut zu meinem Arzt bestellt; ich sah gleich an seinem Gesichtsausdruck, daß etwas nicht in Ordnung war. Er sagte mir, er hätte sich gestern abend nach unserem Gespräch gemeinsam mit meinem Professor noch einmal meine Bilder angeschaut und sie hätten doch eine Metastase auf der rechten Seite in der Lunge gefunden; da es sich nur um eine Metastase handele, müsse man wahrscheinlich nur operieren.
Es war also doch ein Rückfall! Wenn es nur bei einer Operation bliebe, dachte ich mir, würde ich das noch einmal schaffen, solange ich nur keine Chemo mehr durchstehen müßte.
Ich mußte vorerst im Krankenhaus bleiben. Die Ärzte fingen an, über eine Operation zu sprechen. Vor der Operation hatte ich eigentlich keine Angst. Ich hatte schon so viel durchgemacht, und so schienen mir die vier Wochen Krankenhaus, die mir bevorstanden, auch noch ertragbar. Ich wollte sie nur so schnell wie möglich hinter mich bringen, um all das endgültig abzuschließen.

Doch dann ging alles Schlag auf Schlag. Noch vor der Operation stellte man fest, daß es sich um mehrere Metastasen handelte und daß meine beiden Lungenflügel betroffen waren. Es blieb eigentlich nicht viel Zeit zum Denken, sondern Handeln war angesagt. Die Ärzte berieten nämlich schon darüber, wie sie mich am besten „aufschneiden“ sollten. Sie überlegten, das Brustbein zu durchtrennen und mich wie einen Marienkäfer aufzuklappen. Nur würde man an den linken Lungenflügel nicht herankommen, da dieser von der ersten Operation mit inneren Narben verwachsen war. Also beschlossen sie nach langem Hin und Her, nur meine rechte Seite zu operieren.
Ich glaube, ich wußte damals gar nicht, wie mir geschah. Ich hatte auch gar keine Zeit oder Ruhe, darüber nachzudenken. Ich lag einfach teilnahmslos da und ließ andere denken, entscheiden und handeln. Für mich war dies alles wieder so neu. Ich fand einfach keine Ruhe, darüber nachzudenken – zu begreifen, was da mit mir passierte. Ich teilte mein Zimmer damals mit zwei kleinen Kindern, und so waren um mich herum ständig Leute. In diesem verdammten Krankenhaus gab es keinen Ort, an dem ich alleine sein konnte. Ich fand nirgendwo die Ruhe, um mich mit all dem, was geschah, auseinanderzusetzen. Ich wollte nach Hause in mein Zimmer, um mich in Sicherheit wiegen zu können. Ich wollte mich verkriechen, mich geborgen fühlen und anfangen zu begreifen. Erst wenn ich mich in Sicherheit fühlte, soviel wußte ich, würde ich den Gedanken – erneut Krebs zu haben – an mich heranlassen können.

Aufschrei –
mitten in der Nacht.
Plötzlich ist sie wieder da, die Erinnerung,
so lebendig, als wäre es gestern gewesen.
Sie steigt wieder hoch in mir – diese Angst.

Die Angst,
die mir die Luft zum Atmen nimmt,
die Angst,
mit der ich immer noch nicht richtig umgehen kann.
Die Erinnerung ist noch zu nah,
die Gefühle noch zu intensiv,
der Schmerz noch zu stark,
als daß ich all das vergessen könnte.

Ich saß oft auf der Fensterbank in diesen Tagen, mein Gesicht dem Fenster zugewandt, und ließ meinen Tränen freien Lauf. Völlig regungslos starrte ich nach draußen. Ich dachte darüber nach, warum ich krank geworden war:
Was hatte ich falsch gemacht? Im nachhinein hatte ich meine erste Krankheit immer als einen Schicksalsschlag angesehen, der mich wachrütteln sollte. Die Krankheit hatte den Zweck, mich intensiver leben zu lassen. Ich hatte gelernt, andere Schwerpunkte in meinem Leben zu setzen. Ich hatte gelernt, mich an einem Sonnenstrahl, an einem Stück Freiheit (ohne Krankenhaus, ohne Sorgen) zu erfreuen. All dies hatte ich schätzen und lieben gelernt; ich hatte das Gefühl, die richtigen Werte des Lebens erkannt zu haben und nach ihnen zu leben. Ich ließ mich viel von meinen Gefühlen leiten; hatte ich keine Lust zu lernen, weil mich die Sonnenstrahlen an der Nase kitzelten, ging ich spazieren. Ich kostete alles, was ich tat, intensiver aus und unterstellte mich keinen Zwängen mehr. Ganz wichtig war für mich, meine eigene Herrin über Zeit und Raum zu sein. Ich wollte frei sein und nicht mehr durch meine Krankheit gebunden. Sie sollte mir nie mehr meine Zeit nehmen, nie mehr einen Strich durch meine Pläne und Träume machen.
Auf der anderen Seite hörte ich aber auch sehr genau in mich hinein. Ich versuchte immer zu erkennen, wann mir etwas zu viel und zu anstrengend wurde. Ich achtete sehr bewußt darauf, daß es meinem Körper gut ging. Außerdem wandte ich verschiedene alternative Therapien an. Ich spritzte mir zum Beispiel regelmäßig die Misteltherapie, außerdem nahm ich mehrere Vitaminpräparate und Enzyme ein. Auch meine Psyche hatte ich nicht vernachlässigt. Ich hatte einen Psychologen, der mir half, dies alles zu verarbeiten. Außerdem hatte ich meine Eltern und meine Hauslehrer, mit denen ich sehr viel und intensiv redete. Ich hatte meine Lebenseinstellung verändert, wußte, worauf es ankam, mied Banalitäten und hatte meine Krankheit einfach als eine Chance gesehen, bewußter leben zu lernen. Ich sah also irgendwo einen Sinn in meiner Krankheit, wußte, daß sie einen Zweck gehabt hatte, und war vielleicht auch fast ein bißchen dankbar für die Bereicherung dieses bewußteren Lebens. Ich dachte also, alles richtig gemacht und in allen Bereichen ausreichend auf mich geachtet zu haben.
Um so schlimmer traf mich deshalb der Rückfall. Ich stand gerade wieder mitten im Leben. Ich war zu der Zeit glücklich und hatte die Krankheit halbwegs vergessen. Plötzlich von einer Minute auf die andere war sie wieder da. Eine Stunde vorher hatte ich noch nichts, rein gar nichts gespürt und dann plötzlich diese Schmerzen.

Später habe ich oft über die Zeit davor nachgedacht und nach Anzeichen gesucht, die auf einen Rückfall hätten hindeuten können. Ich konnte allerdings keine finden; ich hatte mich nicht krank gefühlt, war nicht blaß und auch nicht besonders müde gewesen, rein gar nichts. Ich hatte keine Vorwarnung erhalten. Das Schlimme war noch, daß einen Monat vorher eine Routine-CT von meiner Lunge gemacht worden war, auf dem die Ärzte keine Metastasen erkannt hatten.

Ich fühlte mich so hintergangen von meinem Körper. Was hatte ich da mit mir gemacht? Ich ließ etwas in mir wachsen, was mich töten konnte. Mein „Bewußtsein" bekam von all dem gar nichts mit. Ich trennte damals „Körper" und „Seele". Mein Körper, den ich nicht zu kennen schien, auf den ich in gewissem Maße keinen Einfluß ausüben konnte – ich konnte ihn nicht steuern, regulieren oder kontrollieren. Ohne mein Wissen ließ er diese schreckliche Krankheit in mir wachsen. Wieso hatte ich nichts gemerkt? Wieso hatte mein Körper mich nicht vorgewarnt? Mein Körper, das bin doch ich! Wie kann etwas in *mir* wachsen, etwas, was mich zerstören kann, ohne daß ich es merke? Ich fühlte mich so hintergangen, so verraten von einem Teil meiner selbst.

Auf der anderen Seite standen mein „Bewußtsein", meine „Seele", meine „Gefühle", meine „Gedanken". Sie kannte ich, sie konnte ich beeinflussen und lenken. Wie ging das vor sich? Mein Körper und meine Seele waren doch *„eins"*, eine Einheit! Wie konnten sie sich gegenseitig verraten, wie konnten sie sich so hintergehen? Ich glaube, die schwierigste Erkenntnis war, daß die Krankheit Krebs viel mächtiger war, als ich jemals angenommen hatte. Der Krebs hatte eine Macht über meinen Körper bekommen, die es ihm möglich machte, diese Krankheit in mir wieder wachsen zu lassen. Mein „Bewußtsein" war ausgeschaltet. Ich mußte begreifen lernen, daß es einen Teil von mir gab, den ich nur stückweise lenken und steuern konnte.

Anfangs zermürbten mich meine Selbstvorwürfe; immer stellte ich mir dieselben Fragen: „Warum?" „Was habe ich falsch gemacht?" „Wo und wann hätte ich mehr auf mich achten müssen?" Ich gab mir die ganze Verantwortung und Schuld für den Rückfall. Ich fühlte mich, als hätte ich eine Prüfung nicht bestanden und müßte deshalb nochmals krank werden, als hätte ich aus meiner ersten Erkrankung nicht genug gelernt – nicht genug auf mich geachtet.

Ich fühlte mich als Versagerin, fühlte mich betrogen von meinem Körper. Ich war enttäuscht von ihm. Je mehr ich allerdings darüber nachdachte, was ich alles noch hätte verändern und verbessern können in bezug auf meine Lebenseinstellung, desto mehr wurde mir bewußt, daß die Krankheit etwas war, auf das ich ein Stück weit einfach keinen Einfluß ausüben konnte. Schritt für Schritt lernte ich, dies anzunehmen, und gab damit einen großen Teil der Verantwortung und der Schuld, die ich mir für den Rückfall aufgeladen hatte, ab. Langsam hörte ich auf, mich zu zermürben und mir Vorwürfe zu machen. Doch ich glaube, mein Vertrauen in mich selbst, in meine Person, kam dadurch sehr ins Schwanken. Ich fühlte mich unsicher, so als hätte ich keinen festen Boden mehr unter den Füßen. Ich konnte mir keinen Halt mehr geben; der Halt, den ich brauchte, kam nun von außen. Ich hatte das Gefühl, daß ich mich nicht mehr auf mich selbst verlassen konnte, weil ich wußte, daß ich mich hintergangen hatte.

Ich beneidete meine Eltern und alle anderen: Sie konnten kommen mit der Gewißheit, auch wieder gehen zu können. Sie konnten über alles nachdenken und sich mit dem, was passieren würde, auseinandersetzen. Ich dagegen fühlte mich total ausgeliefert; ich hatte keinen Ort, an dem ich mich auf das, was geschehen würde, vorbereiten konnte.

Donnerstag, eine Woche nachdem ich eingeliefert worden war, wurde ich operiert. Nach der Operation landete ich erst einmal für anderthalb Wochen auf der Intensivstation. Mein linker Lungenflügel, der ja nicht operiert war, war total verschleimt und der rechte nach der Operation auch nicht fit. Ich bekam also sehr schlecht Luft und mußte die ganze Zeit im Sitzen liegen und schlafen. Alle halbe Stunde kam eine Schwester und rieb mir den Rücken mit Franzbranntwein ein und klopfte ihn ab, so daß ich abhusten konnte. Nachts konnte ich nur sehr schlecht schlafen, weil ich ständig Angst hatte zu ersticken. Fing ich nämlich einmal zu husten an, konnte ich nur schwer wieder aufhören. Die Schwester hatte mir eine Klingel gegeben, damit ich sie jederzeit rufen konnte. Wenn sich ein Hustenanfall ankündigte, klingelte ich sofort nach ihr. Ich hatte Angst, den Hustenanfall nicht beenden zu können und zu ersticken. Nach so einem Anfall konnte ich nicht wieder einschlafen, weil ich meine Atmung ständig überwachte. Außerdem ließ mir die Schwester auch nachts keine Ruhe. Sie kam jede halbe Stunde und klopfte meinen Rücken ab.

Nach der Operation trat eine weitere Komplikation auf: Meine Bauchspeicheldrüse spielte verrückt, und ich durfte zweieinhalb Wochen lang nichts essen und trinken. Die Ärzte sagten mir, daß meine Bauchspeicheldrüse wahrscheinlich aufgrund des seelischen Stresses nicht richtig funktionierte. Ich wurde also zweieinhalb Wochen lang künstlich ernährt. Daß ich nichts trinken durfte, war besonders schlimm; ständig hatte ich einen trockenen, schleimigen Mund. Zur Linderung bekam ich Zitronenstäbchen, mit denen ich meinen Mund auspinseln durfte. Später bekam ich dann pro Tag immer ein paar Schluck Tee zu trinken, eiskalten Pfefferminztee. Einmal hatte ich so großen Durst, daß ich so lange bettelte, bis man mir eine weitere Flasche Tee gab. Die trank ich dann innerhalb einer halben Stunde leer. Am nächsten Morgen waren meine Bauchspeicheldrüsenwerte wieder besonders schlecht, und ich bekam gar nichts mehr.

An die ersten zwei Tage nach der Operation kann ich mich eigentlich gar nicht mehr erinnern. Dunkel erinnere ich mich erst wieder an den Samstag, als mein Arzt mich fragte, ob ich mir wünschte, außer meinen Eltern noch eine andere Person zu sehen. Ich wünschte mir, daß meine Hauslehrerin, Frau Wiedenroth, mich besuchen käme. Auch meine beste Freundin Vroni durfte auf die Intensivstation kommen.

*Nach der Operation auch noch eine Knochenmarktransplantation?*

Vier Tage nach der Operation kam mein Professor und erzählte mir, daß geplant sei, bei mir eine KMT (Knochenmarktransplantation) durchzuführen. Er erklärte mir, daß das eine weitere Möglichkeit sei, ein Ewing-Sarkom zu behandeln, obwohl bei dieser Erkrankung das Knochenmark selbst eigentlich nie betroffen ist. Man führt eine KMT durch, um die stärkste Dosis an Chemotherapie und Bestrahlung geben zu können, die aber das vorhandene Knochenmark zerstört. Ohne Knochenmark könnte der Patient nicht weiterleben, deshalb müsse ihm neues gegeben werden. Diese Behandlung könnte man in dieser Klinik aber nicht durchführen, und ich würde die Klinik wechseln müssen.

Ich war wie erschlagen, als ich das hörte; ich fühlte mich, als ob mich meine letzte Kraft verlassen würde. Eine KMT, das bedeutete, ungefähr zwei Monate in einem keimfreien Raum zu leben. Meine Eltern und meine Freunde würden mich nur total vermummt besuchen können. Sie würden Handschuhe tragen müssen. Ich würde nicht mal eine Hand halten können, ohne daran erinnert zu werden, wo ich mich befände. Alle Sachen, die in mein Zimmer kommen würden, müßten steril gemacht werden. Das hörte sich alles so kalt und nackt an.

Ich glaube, dieser Tag war der einzige, an dem ich wirklich nicht mehr weiterkämpfen wollte, an dem ich mich aufgeben wollte. Ich fühlte mich so schwach von der Operation, so erschlagen und nur noch müde. Vor zwei Wochen war noch alles normal gewesen, und jetzt ging es Schlag auf Schlag, und das

Schlimmste war: Ich wußte gar nicht mehr, wann das alles aufhören würde; glaubte ich alles zu wissen, traf mich schon der nächste Schlag mit einer neuen Nachricht. Ich hatte meinen Professor so verstanden, daß ich direkt nach der Zeit auf der Intensivstation zur KMT sollte. Ich sehnte mich so sehr nach ein paar Stunden Ruhe vorher. Ich wollte noch einmal nach Hause, mich dort irgendwo verkriechen und mich allein mit dem Ganzen auseinandersetzen. Ich wollte endlich weinen können. Ich sehnte mich nach ein paar Stunden Sicherheit und Geborgenheit, um wieder neue Kraft tanken zu können.
An diesem Tag erschien alles um mich herum dunkel, trostlos und grau. Nachts fand ich keinen Schlaf, da meine Gedanken von Angst besetzt waren. Mein Kopf war so voll. Was sollte ich tun?
Am nächsten Morgen war meine Stimmung nicht besser, ich fühlte mich noch genauso leer wie am Tag davor und sehnte mich nach Schlaf und Ruhe. Ich wollte das alles nicht mehr. Plötzlich erschien mir der Gedanke zu sterben gar nicht mehr so schrecklich – denn dann würde ich endlich Ruhe haben. Ich müßte keine Entscheidungen mehr treffen, ich müßte nicht mehr überlegen, ob ich das alles überhaupt noch einmal wollte, eine neue Chemotherapie und alles, was dazugehörte. Ich könnte endlich diese quälenden Gedanken abstellen. Ich würde mich nicht mehr gezwungen fühlen zu handeln, ja zu sagen zu einer neuen Therapie. Ich würde einfach nur schlafen und mich ausruhen.
Ich hatte plötzlich keine Angst mehr vor dem Tod. Ich sah den Tod als eine Erleichterung, als eine Möglichkeit, all dem zu entfliehen. Meine Ängste würden verschwinden, und ich würde endlich die Ruhe finden, die ich hier so vergeblich suchte. Daß der Tod auch heißen würde, nie mehr aufzuwachen – das war mir damals nicht bewußt. Mein Verlangen nach körperlicher Erholung und geistiger Ruhe überwog einfach.
Wenn ich heute an dieses Gefühl zurückdenke, muß ich sagen, daß es mir eine innere Ruhe gab. Ich hatte vor dem Tod keine Angst mehr, als er ganz nahe war. Er war wie ein Zustand, in den ich übergetreten wäre, der mir Leichtigkeit und Freiheit verschafft hätte. Für mich, glaube ich, stellt heute der Tod eine Erlösung dar, wenn es mir wirklich einmal wieder so schlecht geht wie damals.
In all diesen Gedanken kam mein Professor zu mir. Wir waren allein in meinem Zimmer. Er erklärte mir nochmals, was die KMT für mich bedeuten würde, welche Chance sie mir geben würde. Dieses Gespräch wirkte so beruhigend auf mich, er war so sachlich und voller Hoffnung. Er versprach mir, daß ich vor der KMT auf jeden Fall nach Hause dürfte. Ich konnte richtig spüren, wie sich in mir wieder Kraft sammelte und immer stärker wurde.

Bevor er ging, gab er mir noch etwas sehr Wertvolles zurück. Ich hatte ihm vor meiner Operation mein Kreuz gegeben und ihn gebeten, es mit in den OP zu nehmen, damit ich wüßte, daß Gott bei mir sei, der auf mich aufpaßte. Als er mir das Kreuz in diesem Moment wiedergab – ich kann gar nicht beschreiben, was ich damals empfand: Ich spürte diese wahnsinnige Kraft in mir wachsen, die mich mit neuem Lebensmut erfüllte. Mir standen Tränen in den Augen; der Raum schien mir warm und von einem hellen Licht erfüllt. Das hört sich vielleicht kitschig und nicht nachvollziehbar an, doch dieses starke Gefühl ist auch nicht in Worte zu fassen. Ich wußte auf einmal ganz sicher, daß ich es schaffen würde, daß ich gesund werden würde.
Die Schwester kam herein; ich glaube, sie spürte, daß etwas mit mir geschehen war. Ich saß im Bett und lächelte. Leise ging sie, ohne ein Wort zu sagen, wieder hinaus und schloß die Tür. Ich war ihr sehr dankbar dafür, denn das war *mein* Moment, den ich mit mir ganz allein genießen und mit keinem teilen wollte.
Von dem Tag an ging es bergauf. Ich durfte zwar immer noch nichts essen und trinken. Doch vier Tage später wurde ich von der Intensivstation auf meine Station verlegt, wo ich weitere zweieinhalb Wochen bleiben mußte. Mit soviel Komplikationen hatte man nicht gerechnet. Doch hier ertrug ich die Zeit leichter, hier konnten mich meine Freunde besuchen und ablenken.
Dann war es endlich soweit: Ich durfte nach viereinhalb Wochen nach Hause. Viereinhalb Wochen – und es war soviel passiert. Nun würde ich mich das erste Mal in Ruhe und allein damit befassen können!
Viele Freunde kamen mich besuchen, um mir die Zeit so schön wie möglich zu machen. Ein Freund, Rainer, kam immer öfter, wir gingen viel zusammen spazieren und unterhielten uns immer sehr gut. Ich fing an, ihn mehr und mehr zu mögen, und irgendwann konnte ich es vor mir selber nicht mehr verbergen: Ich war verliebt. Ich versuchte am Anfang, dieses Gefühl zu unterdrücken, und erzählte keiner Menschenseele davon. Ich hatte Angst davor, enttäuscht zu werden, denn wer könnte sich schon vorstellen, in meiner Situation einen Freund zu finden? Das würde der doch alles gar nicht mit durchmachen können! Außerdem würde ich bald meine Haare verlieren! Ich war oft hin- und hergerissen, himmelhochjauchzend, dann wieder tieftraurig. Ich schnitt mir die Haare ab, da sie mir ja sowieso nach der ersten Chemo ausfallen würden. Ich war richtig überrascht – es sah gut aus.
An meinem achtzehnten Geburtstag hatte ich eine Riesenparty. Die Leute kamen schon mittags. Ich genoß es, denn ich konnte Rainer den ganzen Tag in die

Arme nehmen. Als Geburtstagskind darf man so was ja auch ohne Grund. Es war mein allerschönster Geburtstag.
Drei Tage später mußte ich zur ersten Chemo ins Krankenhaus. Sie hatten die KMT verschoben, es mußten erst alle Metastasen aus der Lunge verschwunden sein, bevor eine KMT gemacht werden konnte.
Damals war ich recht froh, denn so blieb ich jedenfalls in der Nähe und mußte nicht in die andere Klinik verlegt werden. Rainer besuchte mich oft, er zeigte mir sein Mitgefühl und litt mit mir. Ich hatte wahnsinnige Angst vor der ersten Chemo, konnte ich mich doch nur allzu gut an die letzte und an das viele Kotzen erinnern. Aber das blieb diesmal aus, ich brach kein einziges Mal, was wohl diesem Wundermittel Zofran zu verdanken ist. Außerdem bekam ich diesmal andere Medikamente: Carboplatin und VP 16.
Nach einer Woche war ich wieder zu Hause, und mir ging es recht gut. Ich unternahm immer mehr mit Rainer, und wir verstanden uns immer besser.
Eines Morgens beim Haarewaschen merkte ich, daß es anfing: Meine Haare fielen aus. Ich war ziemlich fertig und weinte.
Abends erzählte ich es Rainer. Er nahm es total gut auf, er war so lieb und drückte mich ganz fest. Wir lagen zusammen auf meinem Bett, und ich wühlte in seinen Haaren. Da nahm er plötzlich meine Hand und hielt sie ganz lange fest. An diesem Abend kamen wir zusammen. Ich konnte es nicht glauben: Meine Haare fielen aus, und ich hatte einen Freund, dazu noch meinen ersten richtigen Freund. Ich war selig, auch wenn ich Bedenken hatte, ob er das alles mit aushalten würde. Ich hatte nun einen Partner, mit dem ich über alles reden konnte und der alles mit mir durchmachte, der mir immer zur Seite stand, wenn ich ihn brauchte.
Rainer war und ist meine Sicherheit, meine Geborgenheit – bei ihm kann ich neue Kraft tanken. In seine Arme kann ich mich fallen lassen, sie geben mir Halt und tragen mich, wenn ich den Boden unter den Füßen verliere. Bei ihm kann ich mich verkriechen und die Wärme finden, nach der ich gesucht habe. Rainer ist für mich der Ort geworden, an dem ich mich ausruhen kann. Ich glaube, das Vertrauen, das ich durch meine Krankheit in meinen eigenen Körper verloren hatte, projizierte ich in Rainer – er verkörpert für mich all die Sicherheit, die ich in mir selbst nicht mehr finde. Ich glaube, Rainer weiß gar nicht, wieviel Kraft und neuen Lebensmut er mir gegeben hat und wie wichtig das damals für mich war.
Alles war ganz anders als beim ersten Mal, auch meine Bekannten und mein Freundeskreis hatten sich verändert. Ich war immer und überall dabei, wenn es

mir gut ging. So kam ich mir auch nicht so alleingelassen und abgeschottet vor. Auch ins Krankenhaus, während der Chemo, kamen meine Freunde. Im Sommer war ich oft mit ihnen und laufender Chemo im Garten. Mir ging es ja ganz gut, und so ließen sich die Tage im Krankenhaus auch leichter ertragen.
Zu Hause bekam ich wieder Hausunterricht, jedoch nicht so häufig und intensiv wie vorher. Ich war jedoch froh, daß ich meine Hauslehrer hatte, denn so war mein Tagesablauf etwas strukturiert, und mein Geist wurde nicht ganz vernachlässigt. Außerdem waren sie mir wie beim ersten Mal eine sehr große Stütze und halfen mir, die Therapie besser durchzustehen.
Nach den ersten Chemos hatte ich fast immer einen Infekt, so daß ich in den Pausen wieder ins Krankenhaus mußte. Ich war also kaum zu Hause und hatte nie richtig Zeit, mich von der Therapie zu erholen. Das ging mir ziemlich auf die Nerven, denn ich konnte keinen Abstand zum Krankenhaus finden. Ich konnte mich dort einfach nicht erholen. Vor allem meine Psyche litt sehr stark darunter. Ich brauchte die Pausen so sehr, um neue Kraft für die nächste Therapie zu schöpfen. Zu allem Ärger benötigte ich meistens gerade dann, wenn ich mir etwas vorgenommen hatte, Bluttransfusionen.
Im Januar 1994 mußte ich nach Düsseldorf. Dort entnahm man mir etwas Knochenmark für die geplante KMT. Einen Monat später mußte ich erneut nach Düsseldorf, um mir Stammzellen aus dem Blut separieren zu lassen. Die Ärzte waren zu dem Entschluß gekommen, mir nach einer Hochdosis-Chemo und Bestrahlung nicht mein Knochenmark, sondern meine Stammzellen aus dem Blut wiederzugeben.
Während meines Aufenthaltes in Düsseldorf besuchte ich die KMT-Station, auf der ich transplantiert werden sollte. Meine Ängste bezüglich der Transplantation wurden dadurch verstärkt. Die Station erwies sich mit den vielen Schläuchen und Apparaturen als genauso kalt, wie ich sie mir vorgestellt hatte.
Zu Hause bekam ich bis Mai weiterhin Chemotherapie. Vor der letzten Chemo hatte ich ein Gespräch mit dem Professor. Er teilte mir mit, daß er gemeinsam mit dem Professor aus Düsseldorf zu dem Entschluß gekommen sei, keine KMT bei mir durchzuführen. Diese Entscheidung überraschte und verunsicherte mich anfangs total. Ein dreiviertel Jahr hatte ich versucht, mich an den Gedanken, eine KMT machen zu müssen, zu gewöhnen. Und jetzt sollte dies alles einfach abgeblasen werden? Ich verstand überhaupt nicht warum. Ich befürchtete, die Ärzte wollten mir die Chance, die sich mir durch die KMT bot, nicht mehr geben. Ich sprach lange mit meinem Professor und bat auch um ein weiteres Gespräch mit dem Professor in Düsseldorf. Beide erklärten mir, daß

sie innerhalb dieses dreiviertel Jahres die Erkenntnis gewonnen hätten, daß eine Lungenbestrahlung in meinem Fall wohl erfolgversprechender als eine KMT sei. Da es sich nach der KMT um eine Ganzkörperbestrahlung handeln müßte, könnte man nur eine Dosis von 10 Gray geben. Bei einer Lungenbestrahlung aber könnte man die Dosis auf 18 Gray erhöhen. Schließlich stimmte auch ich dieser Entscheidung zu.

Ich bekam noch zwei Chemos, bevor im Sommer die Bestrahlung anfing. Die vertrug ich sehr gut. Ich wurde zweimal täglich über einen Zeitraum von zwölf Tagen bestrahlt. Nach der Bestrahlung war ich immer ziemlich müde und schlief erst einmal, nachdem ich mich wieder auf der Station befand.

Nach der Bestrahlung hatte ich vier Wochen Pause, in der ich für eine Woche mit Rainer und ein paar Freunden in die Schweiz fuhr. Dort ging es mir trotz der kurzen Erholungszeit recht gut. Wir waren immerhin 1500 m hoch, und ich hatte keine Probleme. Natürlich war alles noch sehr anstrengend für mich, jede kleine Steigung beim Laufen merkte ich.

Ich hatte dann noch eine Chemo vor mir, die ich nicht mehr so gut hinter mich brachte, denn mein Körper war doch sehr geschwächt.

Sonntag, den 19. September 1993 verließ ich die Klinik. Zu Hause ging es mir sehr schlecht, alles war anstrengend für mich, und ich bekam schwer Luft. Ich war immer schnell müde und erschöpft.

Donnerstag, also vier Tage nach meiner Entlassung, ging ich freiwillig wieder ins Krankenhaus, weil ich das Gefühl hatte, keine Luft mehr zu bekommen. Die Ärzte wußten auch nicht, was mit meiner Lunge los war. Sie röntgten mich mehrmals; sie nahmen an, daß ich wieder Metastasen in der Lunge hätte, waren sich aber nicht ganz sicher. Ich konnte es nicht glauben – ging es wieder los? Alles erschien mir so sinnlos: Wieso hatte ich diese Strapazen durchgemacht? Damit dieser blöde Krebs gleich weiterwachsen konnte? Ich war vollkommen fertig, und mir ging es damals auch sehr schlecht, so daß ich den ganzen Tag nur liegen konnte, sitzen war schon zu anstrengend. Wenn ich mich morgens gewaschen hatte, war ich fix und fertig, weil ich so schlecht Luft bekam. Sogar das Sprechen strengte mich an.

Die Ärzte machten daraufhin ein CT, konnten jedoch auch danach nicht ausschließen, daß es sich nicht um neue Metastasen handelte. Schließlich führten sie eine Bronchoskopie durch. Dabei wird ein Schlauch, an dem sich eine Mini-Kamera befindet, durch die Nase bis in die Lunge eingeführt. Sie schauten sich die verdächtigen Stellen also genau an und entnahmen eine Gewebsprobe. Dabei konnten sie keine Tumorzellen entdecken. Es handelte sich um eine Virus-

infektion, um welche, konnte man nicht genau sagen. Ich nahm sechs Wochen lang Antibiotika, zweieinhalb Wochen lang lag ich nochmals im Krankenhaus. Die Bronchoskopie wurde noch zweimal wiederholt. Auch dabei ließen sich keine Krebszellen nachweisen. Die Ärzte konnten also keine eindeutige Diagnose stellen, so daß die Veränderungen in meiner Lunge schließlich als Nachwirkung der Lungenbestrahlung stehenblieben.
Es war mittlerweile Anfang Oktober. Im September war ich eine Woche in der Schule gewesen, da ich dieses Jahr wieder anfangen wollte. Dann kam meine letzte Chemo und die Zeit danach, in der es mir sehr schlecht ging. Ich hatte in dieser Zeit überhaupt nicht an Schule gedacht, da mir der Gedanke daran zu unwichtig war. Während ich im Krankenhaus war, schwebte ich in der ständigen Angst, einen Rückfall zu haben. Ich durchlebte wieder alle Ängste, die damit verbunden waren. Alles war wieder so real – so nahe gewesen. Es stellte sich aber heraus, daß ich keinen Rückfall hatte. Mein Leben war mir sozusagen ein drittes Mal geschenkt worden. Ich wollte es ausleben und mich nicht wieder in Schulstreß stürzen. Ich wollte mein Leben bewußt genießen. Gerade war mir wieder sehr deutlich gezeigt worden, wie schnell alles vorbei sein könnte.
Als ich für mich selber die Entscheidung traf, mit der Schule aufzuhören, fühlte ich mich richtig erleichtert. Ich wollte mich erst einmal erholen, erst einmal wieder leben – das genießen, was ich mir wieder durch einen großen Kampf geschenkt hatte. Ich wollte mich selber und meinen Körper für all das belohnen, die schlimme Zeit an mir wiedergutmachen mit schönen Sachen und Zeit für mich. Dafür hatte ich den Kampf gewonnen – gegen den Krebs.
Keiner sollte mir zunächst mehr etwas vorschreiben, wie und wann ich etwas machen müßte. Ich wollte frei über meine Zeit verfügen und sie für Sachen nutzen, die ich schon lange tun wollte. Das letzte Jahr hatte ich mich so unterdrückt gefühlt, ich mußte immer das machen, was meine Krankheit mir aufzwang. Wer wußte denn, ob ich Lust hatte, Chemotherapie zu bekommen? Oder daß an einem Tag, an dem ich mir gerade mal etwas besonders Schönes vorgenommen hatte, eine Bluttransfusion, die wieder einen ganzen Tag im Krankenhaus erforderte, mir einen Strich durch die Rechnung machte? Wie oft freute ich mich nach einer überstandenen Chemotherapie auf zu Hause, auf Ruhe – und dann stellte sich doch eine Infektion mit Fieber ein, und ich mußte wieder ins Krankenhaus! Die Krankheit hatte mir einfach meine Zeit gestohlen, und ich hatte mich ihr immer fügen müssen. Doch das sollte nun aufhören. Nun wollte ich bestimmen, was ich wann machte.
Am Anfang ging das leider doch nicht sehr gut, weil ich immer noch mit meiner

Lunge zu tun hatte. Die Ärzte sagten, das käme wohl von der Bestrahlung, und konnten mir auch nicht versprechen, daß das jemals wieder ganz wegginge. Es würde wahrscheinlich mal besser werden, könnte aber auch wieder schlechter werden; es könnte auch periodisch verlaufen: mal kommen, mal gehen.
Im Januar fuhr ich zur Kur. Die ersten zwei Tage ging es mir dort gar nicht gut. Ich vermute, das war der Höhenunterschied: Die Katharinenhöhe im Schwarzwald liegt gut 1000 m hoch. Und meine Lunge war ja immer noch nicht so ganz fit. Ich lernte dort andere Jugendliche in meinem Alter kennen. Wir hatten eine Menge Spaß zusammen. Ich fand endlich die Möglichkeit, mich mit anderen über die Krankheit auszutauschen. Dort kann man sich wirklich mal so richtig erholen.
Rainer kam mich auch zweimal für einige Tage besuchen. Er konnte an fast allem teilnehmen und ließ es sich auch mal so richtig gut gehen. Meine Lunge war nun auch wieder fast normal.
Im März 1994 absolvierte ich für zwei Monate ein Praktikum in Wiesbaden in der Ergotherapie. Im Mai schloß sich ein weiteres Praktikum in einer Praxis für Ergotherapie an.
Im Dezember 1995 begann ich meine Ausbildung als Ergotherapeutin in Frankfurt-Höchst. Die Ausbildung ist sehr anstrengend, macht aber auch viel Spaß. Seit September 1995 bewohne ich eine eigene Einzimmerwohnung, in der ich mich pudelwohl fühle. Meine Wohnung ist sehr gemütlich und für mich zu einem richtigen Zuhause geworden.
Im Sommer 1994 verbrachte ich fünf weitere wundervolle Wochen mit Rainer und einem Freund in Amerika, fünf Wochen, in denen wir durchs Land reisten, tun konnten, was wir wollten, und ich vor allen Dingen weit weg von der Klinik war.
Ich bin jetzt wieder über 3 3/4 Jahre gesund. Es hat zwar mehrere Momente gegeben, in denen ich befürchten mußte, wieder einen Rückfall zu haben. Doch bis jetzt hat sich kein Verdacht bestätigt.
Mit meinem Freund Rainer bin ich immer noch zusammen. Ich möchte hier meinen Eltern und ihm einmal ganz besonders danken für alles, was sie mit mir durchgestanden haben, auch vielen anderen, ohne deren Hilfe ich es vielleicht nicht geschafft hätte.

Etwas ganz Wichtiges, an das ihr immer denken solltet:
*Träumt nicht euer Leben, lebt euren Traum.*

*Mein Wunsch*

Die Ängste
zu sprengen,
die mich immer noch so oft wie Fesseln umschließen,
sie zu sprengen,
um wieder frei atmen zu können.

Sie ganz aus meinen Gedanken zu verdrängen,
ihnen die Macht zu nehmen,
die sie immer noch über mich besitzen,
sie zu zerstören –
und endlich neue Wege
ohne diesen quälenden Alptraum zu gehen.

Ihnen nicht mehr die Kraft zu geben,
mich wieder in diese
entsetzliche *Todesangst* versetzen zu können,
diese panische Angst,
mit der ich mich ganz alleingelassen fühle.

Die Angst vor der Angst, vor dem Schrecken, dem Schmerz,
dem endlosen Leid, dem *Alleinsein* zu verlieren,
wünsche ich mir.

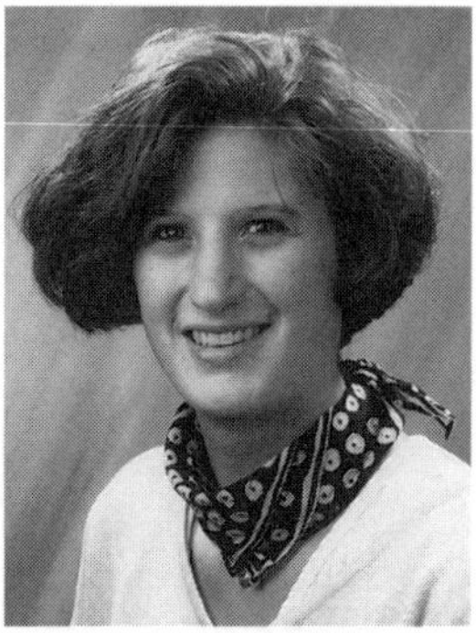

Bettina Schaum, geboren 29.10.1974 in Wiesbaden. 1981–1985 Besuch der Joseph-von-Eichendorff-Grundschule in Wiesbaden. Schulwechsel 1985 in den Gymnasialzweig der Gerhart-Hauptmann-Schule in Wiesbaden. 16.2.1990 Erkrankung an einem Ewing-Sarkom. Chemotherapie und Operation. Von März 1990 bis Januar 1991 Hausunterricht von der Schule für Kranke in Wiesbaden. 1991 Wechsel auf das Oberstufengymnasium der Karl-von-Ossietzky-Schule in Wiesbaden. 16.9.1992 Rückfallerkrankung. Therapie mit Operation, Chemo und Bestrahlung. 19.9.1993 Ende der Therapie. Januar 1994 Jugendkur auf der Katharinenhöhe im Schwarzwald. März 1994 Beginn eines Praktikums in der Ergotherapie für psychisch Kranke an den Dr.-Horst-Schmidt-Kliniken in Wiesbaden. Danach praktische Arbeit in einer Ergotherapiepraxis für Kinder in Wiesbaden. Dezember 1995 Beginn einer dreijährigen Ausbildung als Ergotherapeutin.

Sandra Regber

# „Ich wollte einfach nur leben“

Hauptsächlich den Ärzten, meinem Freund und meinem Vater verdanke ich es, daß ich heute meine Geschichte erzählen kann.
Es begann vor circa einem Jahr, im November 1995, mit einer ganz normalen Grippe. Auf der Arbeitsstelle war mal wieder der absolute Streß angesagt, wie üblich keine Zeit. Ich war mit meinen Nerven am Ende, hatte hämmernde Kopfschmerzen und schluckte jede Menge Medikamente. Nach einer Woche war die Erkältung wieder weg, doch die Kopfschmerzen wurden unerträglich. Nachdem mir meine Hausärztin nicht weiterhelfen konnte, suchte ich eine Orthopädin auf. Auch sie untersuchte mich von Kopf bis Fuß, aber trotz Behandlung wurden die Schmerzen immer stärker. Außerdem hatte ich zunehmend Probleme mit der Koordination. Ich konnte mir zum Beispiel nicht mehr die Schuhe zubinden, lief wie betrunken herum und hatte Schwierigkeiten beim Sehen. Die Ärztin schickte mich schließlich direkt nach den Weihnachtsfeiertagen zur Computer- (CT) und Kernspintomographie (MR).
Mein Freund begleitete mich, doch meine Angst war groß. Ich hatte kein gutes Gefühl, denn ich lag erstaunlich lange in dieser „Röhre“, nicht wie vermutet circa zwanzig Minuten, sondern gut eineinhalb Stunden. Die Diagnose lautete: Gehirntumor im Kleinhirn.
Wir fuhren mit diesem Ergebnis völlig aufgelöst in die Uniklinik auf dem Venusberg. Der Weg bis zur Klinik und das Warten auf den behandelnden Arzt dauerte eine halbe Ewigkeit. Gespannt und voller Angst hörten wir dem Arzt zu, doch irgendwie realisiert man die Worte nicht richtig. Da der Tumor den Verlauf des Gehirnwassers blockierte und die Gefahr bestand, daß ich ins Koma fallen könnte, mußte ich in der Klinik bleiben. Fertig mit den Nerven, holte mein Freund ein paar Sachen von zu Hause. Langsam wurde mir bewußt, in welcher Situation ich war – aber was nun?
Die Tage vergingen, und es kam die Silvesternacht. Ich hatte ein Vierbettzimmer für mich ganz allein; nur mein Vater und mein Freund waren bei mir. Plötzlich kamen zwei Ärzte, in Grün gekleidet, und eine Schwester ins Zimmer. Die Schwester schob einen kleinen Wagen mit einigen Instrumenten und einem silbernen Koffer, und die Ärzte baten meine beiden Besucher, draußen zu warten. Man legte mir eins von diesen grünen Tüchern über und erklärte mir, ich bekäme ein Ventil in den Kopf eingesetzt, das den Druck aus dem Gehirn nach

außen leiten sollte. Ich dachte, es sei schon schlimm genug, einen Teil meiner Haare zu verlieren, doch viel schlimmer war es, mitzubekommen, wie man mir ein Loch in den Kopf bohrte.
Ich glaube, in einer solchen Situation steht man unter Schock: Ich konnte nicht schreien, mir liefen nur die Tränen, und ich zitterte am ganzen Körper. Da ich am nächsten Tag nicht in den Spiegel schauen wollte, versuchte mein Vater mir zu beschreiben, wie ich aussah, er meinte: wie ein Indianer mit einer Antenne! Wir lachten.
Die Zeit verging, und ich mußte auf ein freies Intensivbett warten. Doch jedesmal kam ein Notfall dazwischen. Die Ärzte teilten mir und meinem Vater mit, daß die Operation nicht ungefährlich sei, weil der Tumor schon mit dem Kleinhirn verwachsen sei. Ich hatte wahnsinnige Angst, nach der Operation nicht mehr richtig sprechen, essen oder sehen zu können oder daß ich gar nicht mehr aufwachen würde. Man erklärte mir, daß die Operation lange dauern und man mich im Sitzen operieren würde. Vor jedem angekündigten OP-Termin hatte ich Magenschmerzen und Durchfall, doch beim vierten Anlauf kam ich dann in den OP, bevor ein Notfall eintraf.
Die Intensivstation war schrecklich, man wurde von einer Maschine beatmet und hatte überall Schläuche und Kanülen.
Zurück von der Intensivstation, stellten wir fest, daß die Operation gut verlaufen war. Zwar hatte ich noch Probleme beim Gehen, Essen, Sprechen und auch beim Sehen, aber wir waren zufrieden und zuversichtlich. Nur die Tatsache, keine Haare mehr zu haben, machte mich wahnsinnig. Wie sehe ich denn jetzt aus?! Eine Glatze! Und ich hatte so schöne lange Haare gehabt.
Es war nicht möglich gewesen, den Tumor vollständig zu entfernen, da er ja mit dem Gehirn verwachsen war. Schon ein paar Tage später kam der Befund aus der Pathologie, doch er erfüllte nicht unsere Hoffnungen. Der Tumor war bösartig, ein „Medulloblastom“. Krebs! Man denkt, daß es einen selbst nie treffen würde. Wieso ich? Warum? Was habe ich falsch gemacht? Mein Freund, meine Familie und meine Freunde waren am Boden zerstört. Bei mir dauerte es, bis ich begreifen konnte, was das für meine Zukunft bedeutete.
Nach einem längeren Gespräch mit dem Professor von der Kinderkrebsstation begriff ich, daß es um mein Leben ging. Er gab mir das Vertrauen in die Medizin und die Hoffnung, daß man die Tumorzellen besiegen kann. Er holte mich zu sich in die Klinik. Doch vorher bekam ich in einer dritten Operation ein Omaya-Reservoir in den Kopf eingepflanzt. Es ist ein ganz kleines rundes Gefäß mit einem Hohlraum, an dem ein Schlauch befestigt ist. Durch

diesen sollte später ein Teil der Chemotherapie direkt ins Gehirn gespritzt werden.

Kurz nach der Operation kam ich in die Kinderklinik und wurde von oben bis unten durchgecheckt: Echo, EEG, EKG, Hormontest und vieles mehr. Es war alles so neu, so fremd und auch so unheimlich. Ich durfte während der Therapie nicht noch zusätzlich Blut verlieren, also war meine Periode hier fehl am Platz. Ich mußte täglich Orgametril nehmen, das meine Monatsblutung stoppte. Ich machte mir schreckliche Sorgen, später keine Kinder mehr kriegen zu können. Und sowieso: Wie läuft das nach der Chemotherapie, nach diesen ganz starken Medikamenten? Auch bei der Bestrahlung später wäre dies eine Frage, denn die Strahlen gehen auch durch die Gebärmutter. Die Ärzte konnten mir natürlich nicht hundertprozentig zusichern, daß ich jemals Kinder bekommen könnte. Es war nicht leicht für meinen Freund und mich, uns mit diesem möglichen Problem zu beschäftigen.

Mein Zimmer befand sich nicht auf der onkologischen Station, weil dort zu wenig Platz für die vielen Patienten war. Ich lag in einer anderen Abteilung, wo es Kindergeschrei, kleine Toiletten, Spielsachen und bemalte Fenster gab. Ich fühlte mich sehr unwohl und hatte die Befürchtung, auf dieser Station nicht lange durchhalten zu können. Mein Freund kam täglich, und auch mein Vater und meine Schwester besuchten mich oft und machten mir Mut. Die Schwestern und Pfleger waren sehr nett und erzählten mir, daß die onkologische Station vergrößert würde und ich dann bestimmt nicht mehr zu ihnen kommen müßte.

Der Professor erklärte uns in einem ausführlichen Gespräch, wie meine Therapie verlaufen sollte. Ich bekam die sogenannte „Sandwich-Therapie“. Sie bestand aus vier Blöcken Chemotherapie, danach eine Pause und dann weitere vier Blöcke. Jeder Block besteht aus einem oder mehreren Medikamenten. Nach diesen acht Blöcken sollte eine Hochdosis-Chemotherapie und abschließend eine Bestrahlung folgen. Eine Hochdosis-Therapie ist nicht ungefährlich und auch sehr unangenehm und schmerzhaft. Es werden mehrere Medikamente in kurzer Zeit verabreicht, und es besteht die Gefahr, nicht nur die bösartigen Zellen zu vernichten, sondern auch einen Großteil der gesunden.

In dieser Phase braucht der Körper neue, gesunde Zellen und natürlich seine eigenen. Daher wurden an einer großen Maschine – wir nannten sie „Waschmaschine“ – über mehrere Tage aus meinem Blut Stammzellen gesammelt, die nach der Hochdosis in meinen Körper zurückgegeben werden sollten. In dieser Zeit produziert der Körper so viele neue Zellen, daß einem jeder einzelne Knochen weh tut und man nicht mehr weiß, wie man nachts schlafen soll.

Ich mußte noch einmal in den OP, um einen „Port“ zu bekommen. O Gott, wie soll man das alles nur verstehen! Zum Glück waren die Ärzte und Schwestern sehr nett und erklärten mir alles, so gut sie konnten. Um die Venen nicht so zu belasten, werden die Medikamente der Chemotherapie über den Port in den Körper gespritzt. Er gleicht dem Omaya-Reservoir, nur daß der Schlauch in die Adern geht.
Die Eindrücke in dieser Zeit waren einfach wahnsinnig viele. Man liegt nachts wach und fragt sich, ob man das alles durchsteht.
Am 26. Januar 1996 durfte ich dann nach vier Wochen Krankenhaus für zwei Tage nach Hause. In den zwei Tagen habe ich mir mein altes Gewicht angegessen, weil ich für die Therapie gestärkt sein wollte. Bevor ich die Klinik verlassen durfte, hatte ich noch ein langes Gespräch mit dem Arzt, und er erklärte mir, wie gefährlich einige Dinge in der Zeit der Therapie für mich sein könnten. Ich sollte zum Beispiel den Kontakt mit Kranken meiden, denn jegliche Ansteckung würde meine Therapie verzögern und mein Leben gefährden. Ich sollte auch möglichst nicht dorthin gehen, wo viele Menschen seien. Ich war unsicher, zu wem oder wohin ich nun gehen durfte.
Dann kam der erste Tag auf der onkologischen Station. Ich bekam diesen schrecklich sterilen Geruch in die Nase und klammerte mich fester an meinen Vater. Eine Schwester kam auf uns zu und zeigte mir mein Zimmer. Ich bat meinen Vater, mich wieder mit nach Hause zu nehmen, doch uns war klar, daß wir nun stark sein mußten. Wir waren allerdings angenehm überrascht: Die Atmosphäre auf der onkologischen Station war sehr freundlich.
Zum Glück kam ich auf ein Zweibettzimmer zu einem Mädchen. Sie und ihre Mutter waren sehr nett. Sie waren schon zum zweiten Mal da, denn das Mädchen hatte einen Rückfall (Rezidiv), und man mußte erneut eine Chemotherapie starten. Sie war sehr schwierig und wollte auf niemanden hören. Sie sagte einmal zu mir, daß sie keine Lust mehr auf Medikamente und Spritzen hätte, lieber wäre sie tot. Dieser Satz schockierte mich sehr, sie war doch noch so jung.
Ich hatte schreckliche Angst, da ich mir unter einer Chemotherapie nicht so recht etwas vorstellen konnte. Ist das eine Spritze? Eine Infusion? Ich wollte es eigentlich auch gar nicht wissen. Und doch: Meine Neugier wurde bald befriedigt. Eine Ärztin stach mir im Behandlungsraum den Port an und legte eine Infusion. Es tat schrecklich weh, aber ich wollte nicht weinen, denn schließlich waren dort Kinder mit den gleichen oder sogar stärkeren Schmerzen.
Meine Infusion lief. War das nun Chemo? Ich glaubte es nicht. Ich aß zu Mit-

tag, und danach „puzzelte“ ich mit meinem Vater im Spielzimmer. Mir ging es eigentlich ganz gut, bis unser Psychologe Michael kam und mir alles noch einmal genau erklärte und meinte, daß ich nun schon seit einigen Stunden Therapie bekäme. Schlagartig wurde mir übel, was natürlich nur Einbildung war, da das Medikament erst später seine Nebenwirkungen entfaltete.
Im ersten Block bekam ich zwei verschiedene Medikamente über den Tropf, und zusätzlich wurde mir zweimal täglich ein anderes quittegelbes Medikament in den Kopf gespritzt.
Die Woche in der Klinik verging rasch. Tagsüber unterhielt ich mich mit den Eltern der kranken Kinder und knüpfte erste Kontakte. Es war bewundernswert, wie die Kinder mit ihren Erkrankungen umgingen. Morgens war Schulunterricht angesagt und nachmittags Spiele oder Video-Gucken. Jedes Zimmer hatte einen Fernseher und einen Videorecorder. Ältere Kinder machten ihre Computerspiele, die jüngeren waren im Spielzimmer.
Der erste Block meiner Therapie war geschafft, und ich durfte für eine ganze Woche nach Hause.
Mein Leben zu Hause war nicht mehr das gleiche wie vorher: auf so viele Tabletten achten, ständig Temperatur messen und immer den Urin in einem Gefäß sammeln; auch die Hygiene war ein Muß. In den Pausen muß man ambulant in die Klinik, es werden die Blutwerte überprüft, und die Ärzte checken einen durch. Zu Hause fangen dann die Beschwerden erst richtig an: Übelkeit, Erbrechen, kaputte Schleimhäute und vieles mehr. Ich merkte schnell, daß ich nicht mehr so konnte, wie ich wollte. Ständig schlapp, Probleme beim Treppensteigen, und selbst mich täglich zu waschen fiel mir schwer.
Sind die Blutwerte in Ordnung, geht es mit dem nächsten Block weiter. Ich hatte mich schnell damit abgefunden, meine Blutwerte im Auge zu behalten. Sanken zum Beispiel die Leukozyten, ging ich lieber nicht unter Menschen und traf mich weniger mit meinen Freunden.
Nach dem nächsten Block sanken meine Blutwerte sehr stark, so daß ich drei Blutkonserven benötigte. Ich ekelte mich sehr davor und wollte kein fremdes Blut haben, aber ich brauchte doch welches! Früher habe ich selber regelmäßig Blut gespendet, und daß es Bluttransfusionen gibt, ist sehr wichtig, denn damit werden Leben gerettet. Doch eine Blutkonserve zu erhalten macht ein mulmiges Gefühl. Diese fremde, rote, dicke Flüssigkeit wird in den eigenen Körper geleitet – komisch. Trotzdem war ich froh, daß mein Körper das fremde Blut annahm und in der Nacht der Transfusion keine Komplikationen auftraten.
Die nächsten zwei Blöcke vertrug ich ganz gut. Es traten die üblichen Neben-

wirkungen auf: Schleimhäute entzündet, Kopfschmerzen, Übelkeit, Erbrechen usw. Ich hielt mich an die Anweisungen der Ärzte und versuchte, das Beste aus den Tagen daheim zu machen.
Im März kam die Angst. Ein Termin zum CT. Wie haben die Tumorzellen auf die ersten vier Blöcke der Chemo reagiert? Sind noch bösartige Zellen vorhanden? Wieder muß auf den Befund gewartet werden. Warten, warten, warten ... In dieser Zeit kann man nicht schlafen, nicht essen und an nichts anderes denken. Endlich, das Ergebnis: Es ist alles weg! Wir konnten unser Glück kaum fassen! Doch wir sollten bald erfahren, daß ich nicht so viel Glück hatte wie angenommen.
Laut Therapieplan stand nun eine dreiwöchige Pause an, aber auch in den Pausen muß man regelmäßig in die Klinik und ständig seine Werte kontrollieren lassen.
In dieser Zeit zogen wir in eine andere Gegend. Obwohl die Leute alle nett waren und ich sie schon von klein auf kannte, konnte ich diese Fragen und die Blicke nicht ertragen. Ich ging nicht mehr vor die Tür. Ich war nicht mehr ich selbst. Ich hatte am ganzen Körper keine Haare mehr, ich mußte einfach erst einmal selber mit mir klarkommen.
Diesen Frust, den ich dabei empfand, ließ ich an meinem Freund aus. Ich beneidete ihn um seine Gesundheit und sein normales Leben. Er konnte arbeiten, er konnte überallhin gehen, er konnte tun und lassen, was er wollte. Doch er tat es nicht. Und sein Leben war auch nicht mehr normal. Wenn ich zu Hause war, war er bei mir und versorgte mich. War ich in der Klinik, kam er jeden Tag und erzählte mir das Neueste. Er akzeptierte meine Launen und baute mich jedes Mal wieder auf. Er gab mir die Kraft, weiterzumachen und durchzuhalten. Er versuchte mir jeden Wunsch zu erfüllen. Einer davon war, für mich frischen Bananenmilchshake zu machen. Zu seinem Pech schmeckte der Shake so gut, daß er prompt meine Zimmergenossin und später die halbe Station damit versorgen mußte.
Nach dieser Pause folgten die letzten vier Blöcke Chemo. Ich merkte schon nach dem ersten Block, daß ich mehr Probleme und Nebenwirkungen hatte als am Anfang. Ich bekam gleich in der ersten Pause schlecht Luft, war sehr schlapp, hatte Herzrasen und Schweißausbrüche. Ich fuhr am dritten Tag, den ich zu Hause war, in die Klinik. Meine Leukos waren bei 300, und mein Hb = Hämoglobin betrug nur noch 7,3, was bestimmt keine guten Werte waren. Ich bekam direkt drei Blutkonserven und Antibiotika gegen das aufgetretene Fieber. Bei der Untersuchung stellte sich heraus, daß ich eine Bronchitis, eine Neben-

höhlenvereiterung und eine Magenschleimhautentzündung hatte. Ich war total gefrustet. Ich lag die nächsten Tage in der Klinik und konnte kaum essen. Jeder Bissen oder Schluck war schmerzhaft. Dabei mußte ich doch viel trinken, damit die Medikamente schnell wieder aus meinem Körper herauskamen. Ich trank sehr viel, weil ich Angst hatte, später vielleicht einen Nierenschaden zu bekommen. Manchmal schied ich bis zu sechs Liter am Tag aus.

Ich fand in der Klinik eine gute Freundin. Sie war älter als ich und half mir, mit meiner Situation besser klarzukommen. Sie war nicht zum ersten Mal da und konnte mir so viele Fragen beantworten. Sie holte mich wieder hoch, wenn ich mich gehen ließ. Ihr Spruch lautete: „Reiß dich zusammen, es gibt noch viel Schlimmeres!" Ich bewunderte die Stärke dieser Frau, ihr Kämpfen gegen die Krankheit. Wenn wir zur gleichen Zeit Therapie hatten, bekamen wir meistens ein Zimmer für uns alleine. Wir hatten viel Spaß miteinander und bauten uns gegenseitig auf.

Auch ihr Freund war sehr nett. Abends kamen unsere Freunde und brachten uns die Dinge mit, die wir am Tag zuvor bei ihnen bestellt hatten. Oder wir vier aßen Pizza und machten in unserem Zimmer ein richtiges „Festmahl", sofern die Pizza in unseren beiden Mägen blieb und nicht doch am Ende in der Kotzschale landete. Unser plötzlicher Heißhunger auf etwas Bestimmtes, wie zum Beispiel auf halbe Hähnchen, Camembert, Chips und vieles mehr, hielt unsere Umwelt ganz schön auf Trab.

Was uns beide sehr nervte, war das Urin-Sammeln. Wenn die eine Besuch hatte, watschelte die andere mit Pfanne und Ständer auf die Toilette. Es war eine regelrechte Kunst, nicht über seine eigenen Infusionsschläuche zu stolpern.

So verging die Zeit. Nach dem achten und letzten Block waren meine Werte ziemlich schlecht, und ich durfte keinesfalls allein zu Hause sein. Entweder Klinik oder jemand bleibt bei mir. Aber wer? Mein Freund konnte unmöglich von der Arbeit fernbleiben, er mußte doch Geld verdienen und unsere Miete zahlen. Ohne zu zögern, nahm meine Oma in Hennef mich zu sich nach Hause. Ich blieb einige Tage bei meinen Großeltern, und mein Freund kam jeden Abend vorbei. Auch meine Schwester und mein Vater besuchten mich dort. Tagsüber fuhr ich mit dem Taxi in die Klinik.

Meine Oma verwöhnte mich, machte mir Tee und kochte mein Lieblingsessen: Hühnersuppe mit Reis. Doch alles, was ich zu mir nahm, blieb nur dreißig Minuten drin, dann hing ich schon wieder über meiner Schale. Oma machte sich Sorgen, weil ich nicht richtig aß. Ich beruhigte sie und versicherte ihr, daß die

Übelkeit nach dem Medikament Cisplatin völlig normal sei; man lernt eben seinen Körper kennen.
Auch dies ging vorbei, und die Angst kam mit der nächsten Untersuchung. Im Mai hatte ich einen Termin zum MR. Eigentlich war ja nach dem CT im März alles in Ordnung, doch leider war dem nicht so. Die Bilder eines CTs sind nicht so genau wie die eines MRs; so kam es, daß man auf den MR-Bildern noch einen Punkt an der Stelle im Kleinhirn entdeckte, wo man operiert hatte. Für mich und meinen Umkreis brach eine Welt zusammen. Die Ärzte entschieden, mit dem Protokoll fortzufahren, das hieß: vier Blöcke Chemo, Pause, weitere vier Blöcke Chemo, Pause, Hochdosis, Pause und zum Schluß Bestrahlung.
Doch da sie dann der Meinung waren, daß die Tumorzellen gut auf die ersten acht Blöcke Therapie reagiert hätten, beschlossen sie, die Hochdosis nicht zu machen. Einerseits war ich sehr froh darüber, andererseits beunruhigte es mich. Waren die Chancen, den Krebs zu besiegen, dann nicht geringer? Ich hatte lange Gespräche mit den Ärzten und lernte, daß eine Hochdosis mit sehr vielen Risiken verbunden ist.
Es folgte also die Bestrahlung. Ich ging mit ganz falschen Vorstellungen zum Gespräch mit dem Radiologen der Uniklinik. Ich war der Meinung, daß die Bestrahlung ja nicht so schlimm sein könnte. Doch falsch gedacht! Wie immer begleitete mich mein Freund. Der Arzt stellte mir viele Fragen und erklärte uns den Ablauf der Bestrahlung. Danach mußte eine Maske angefertigt werden, damit ich während der Bestrahlung meinen Kopf mit dem Gesicht nach unten auf dem Tisch halten konnte.
Die Bestrahlung war täglich. Ich lag auf dem Bauch, mit dem Gesicht in der Maske, und wurde 15 Minuten am Kopf und an der gesamten Wirbelsäule bestrahlt. Es war ein ekliges Gefühl, in der Maske zu liegen. Nach fünf bis zehn Minuten bekam ich schlecht Luft und spürte den Abdruck der Maske in meinem Gesicht.
In den zwei Monaten täglicher Bestrahlung wurden meine Kräfte immer schwächer, und ich bekam Fortecotin (Cortison) in einer hohen Dosis. Ich konnte den ganzen Tag schlafen, nur in der Nacht schlief ich nie. Die Nacht war für mich teils um ein Uhr, drei Uhr oder frühmorgens zu Ende. Außerdem stieg wegen des Cortisons meine Lust zu essen enorm. Mein Körper sammelte Wasser an, durch die ständige Freßsucht nahm ich 18 kg zu. Ich war aufgeschwemmt, sah nicht mehr normal aus. Mein Selbstbewußtsein sank gegen Null. Ich traute mich kaum mehr nach draußen.
Ich schämte mich vor meinem Freund und wollte nicht mehr, daß er mich be-

rührte. Er akzeptierte es kommentarlos und baute mich immer wieder auf. Ich glaube, in dieser Phase versteht man seinen Körper und seine Gefühle nicht mehr. In einem Moment lacht man, und im nächsten könnte man nur noch heulen. Das Cortison griff meinen Magen sehr stark an, und ich mußte wieder mehr Medikamente nehmen. Essen tat weh, aber der Heißhunger siegte.

Anfang August war die Bestrahlung vorbei; das Cortison wurde nach und nach abgesetzt. Ich konnte es kaum erwarten, endlich wieder schlanker zu werden. Mein Gewicht verringerte sich jedoch sehr langsam. Ich mußte aber auf jeden Fall normal weiteressen, damit mein Körper nicht noch mehr an Kraft verlor.

Ich konnte die Abschlußuntersuchung kaum abwarten, doch mußte ich mich wie immer noch gedulden. Da durch die Bestrahlung das Gehirn angeschwollen war, konnte ich noch nicht in die Röhre. Nach sechs Wochen Pause und ein wenig Erholung waren die Entzündungen, die die Bestrahlung verursacht hatte, abgeklungen.

Es folgte im September die für mich entscheidende MR-Untersuchung. Meine Angst war groß. Was ist aus dem besagten Punkt geworden? Mein Freund nahm sich den Tag frei und fuhr mit mir in die Klinik. Ich lag in der Röhre und traute mich kaum zu atmen. Die Geräusche dieser Maschine drangen in meinen Kopf, und ich versuchte an die schönen Dinge im Leben zu denken. Ich wollte mein Leben ändern, ich wollte bewußter leben, ich wollte zufriedener sein, ich wollte, ich wollte, ich wollte einfach nur leben …

Wir gingen mit gemischten Gefühlen nach Hause. Man hatte uns noch kein Ergebnis mitteilen können, also wieder warten. Meine Umgebung fieberte mit. Nach einigen Tagen verkündete man uns, daß der besagte Punkt immer noch vorhanden sei. Da er sich nicht verändert hatte, nahm man an, daß es ein toter Rest oder Narbengewebe sein müßte. Man würde bei den üblichen Nachuntersuchungen diesen Rest im Auge behalten.

Die Zuversicht der Ärzte übertrug sich auf mich, und ich war überzeugt, es geschafft zu haben. Es war der schönste Moment in meinem Leben.

Noch im gleichen Monat fuhr ich zur Kur, um neue Kraft zu tanken. Heute, nach einem Jahr, geht es mir schon wieder besser. Auch meine Periode kommt jetzt wieder regelmäßig, und es steht dem nichts im Wege, ganz normal Kinder zu bekommen. Ich muß allerdings immer noch alle drei Monate zur Kernspintomographie. Meine Nasenschleimhäute haben sich wohl noch nicht richtig erholt, aber ich bin überzeugt, daß auch dies mit der Zeit wieder in Ordnung kommt.

Es war schwierig für mich, in dieser irgendwie neuen Welt Fuß zu fassen. Viele

meiner alten Freunde habe ich verloren, und viele verstehe ich auch nicht mehr. Ich bin der Meinung, daß man aus einer solchen Erfahrung auch seine Vorteile ziehen kann, und man sollte viel zufriedener sein. Ich sehe die Bäume irgendwie grüner, das Wasser klarer und gehe bewußter mit offenen Augen durch die Welt.
Ich lebe nicht mehr mit meinem Freund zusammen, aber ich bin froh, daß er in dieser Zeit zu mir gehalten hat.

Sandra Regber, geboren 21.10.1972 in Kerpen. Besuch der Grundschule in Schwarzrheindorf bei Bonn und der Realschule in Beuel. Schulabschluß an der Höheren Handelsschule in Bonn. Ausbildung als Speditionskauffrau. Zwei Jahre Berufstätigkeit. Dezember 1995 Erkrankung an einem Medulloblastom. Nach einjähriger Behandlung Neubeginn der Arbeit, zuerst halbtags, seit 1.7.1997 wieder ganztags.

Oliver Brach

# Diagnose: Leukämie – Mut zum Leben

Im Mai 1995 erkrankte ich mit 14 Jahren an Leukämie. Es fing alles an, als ich mit meiner Familie im Urlaub war. Ich hatte keinen Appetit und schlief mittags, was ich sonst nie tat. Wir dachten uns nichts weiter dabei und erklärten es uns so, daß alles ziemlich anstrengend war. Außerdem war das Essen nicht so lecker, und wir nahmen an, daß ich deswegen so wenig aß.
Dann gingen wir vorsichtshalber am Urlaubsort doch zum Arzt, der eine Nierenbeckenentzündung diagnostizierte. Trotz Medikamente fühlte ich mich nicht besser und bekam außerdem noch Fieber.
Zu Hause angekommen, suchten wir zuerst unseren Hausarzt auf. Ich hatte Schmerzen unter meiner untersten linken Rippe. Mein Hausarzt vermutete eine (an)gebrochene Rippe, weil ich zu der Zeit noch aktiv Handball im Verein spielte. Er meinte, daß die Schmerzen durch eine gebrochene Rippe erst später auftreten könnten. Ich war froh, daß wohl alles nicht so schlimm war. Am nächsten Morgen mußte ich wieder hin zum Röntgen, und es stellte sich heraus, daß meine Rippen vollkommen in Ordnung waren.
Da auf den Röntgenbildern nichts zu sehen war, machte mein Hausarzt ein Blutbild. Ich wußte nicht, was das mit meinen Schmerzen unter der untersten linken Rippe zu tun haben sollte. Na ja, einen Tag später, als das Blutbild fertig war, stand mein Hausarzt auf einmal vor der Tür. Wir waren alle ganz schön überrascht. Er untersuchte mich und meinte, daß die Leber und die Milz sich stark vergrößert hätten, außerdem sei das Blutbild sehr bedrohlich. Ein gesunder Mensch hat so zwischen 4.000 und 10.000 Leukos sowie zwischen 150.000 und 300.000 Thrombos. Ich hatte 30.800 Leukos und 32.000 Thrombos. Mein Arzt sagte, daß ich sofort ins Krankenhaus müßte.
Ich kam in ein kleines Krankenhaus. Dort war erst kein Bett für mich frei, weil alles total überfüllt war. Nachdem feststand, daß in einem anderen Krankenhaus auch kein Platz für mich war, wollte man mich auf den Flur legen. Da ich das nicht wollte und wir gerade im Begriff waren, wieder nach Hause zu fahren, gaben sie mir ein Privatzimmer. Wenn ein Privatpatient eingeliefert worden wäre, hätte ich doch noch auf den Flur verlegt werden müssen. Dazu kam es allerdings nicht.
Die Zeit in diesem Krankenhaus von Donnerstag bis Samstag war nicht sehr schön. Mittlerweile waren die Leber und die Milz stark angeschwollen, das

Fieber stieg, und ich fühlte mich einfach mies. Ich mußte öfters zum Blutabnehmen gestochen werden, aber das Schlimmste war die Knochenmarkspunktion, kurz: KMP. Ich wurde dreimal ins Brustbein gestochen – man hätte es auch im Beckenknochen tun können. Das war wirklich sehr schrecklich, weil es erstens so fürchterlich weh tat, und zweitens weil man im Brustbein keine Knochenmarkflüssigkeit fand. Na ja, so lief es halt, aber durch den häufigen Besuch meiner Eltern, meines Bruders und meiner Oma wurde ich immer wieder aufgemuntert.
Am schlimmsten war für mich, daß ich nicht wußte, was mit mir nicht stimmte. Ich wollte einfach nur wissen, welche Krankheit ich hatte, und man sollte mir in irgendeiner Form helfen, daß die mittlerweile starken Schmerzen aufhörten. Zuerst kam der Verdacht auf, daß es das Pfeiffersche Drüsenfieber sein könnte. Dies war leider nicht der Fall. Die nächste Vermutung war, daß es sich um Leukämie handelte.
Daraufhin wurde ich am Samstagabend in die Kinderklinik des Universitätsklinikums Essen auf die Station K4 (allgemeine Kinderstation) verlegt. Die Schwestern dort waren alle so supernett, daß man sich dort richtig wohlfühlen konnte. In dem kleinen Krankenhaus dagegen gab es keine Kinderstation, ich lag auf der Männerstation, da war alles so – wie soll ich sagen – geplant. Auf jeden Fall wurde auch dort erst einmal Blut abgenommen, mit dem feinen Unterschied, daß die Nadel, mit der ich gestochen wurde, liegen blieb, ich also nicht immer wieder gestochen werden mußte.
Am nächsten Tag mußten noch jede Menge Untersuchungen durchgeführt werden. Zwei Tage später, am 2. Mai 1995, wurde meiner Mutter und mir von der Stationsärztin mitgeteilt, daß ich Leukämie hätte, und zwar die ALL = Akute Lymphatische Leukämie. Sofort klärte sie uns über die Therapiemaßnahmen auf und daß ich eine circa 70 %ige Chance auf Heilung hätte. Wir erhielten ein Protokoll, auf dem die gesamten Medikamente notiert waren. Laut Mitteilung der Ärztin sollte die Therapie etwa zwei Jahre, die Intensivtherapie ein halbes Jahr dauern. Zwei Jahre, mein Gott, dann bin ich fast 17 Jahre alt! So lange? Entsetzlich!
Nachdem die Ärztin mein Zimmer verlassen hatte, kam sofort die Sozialarbeiterin der Kinderklinik zu uns. Wir führten ein langes Gespräch. Erst später wurde mir bewußt, daß ich, aber auch meine Mutter, von den Gesprächen mit der Ärztin und der Sozialarbeiterin nicht viel behalten hatten. Es stürzte zuviel auf uns ein. Die ganze Familie war total geschockt.
Die ersten Tage nach der Diagnose war ich ziemlich mies drauf. Ich selbst re-

dete zuerst mit keinem darüber. Ich konnte und wollte es nicht glauben, daß ich Krebs hatte. Daß es Krebs gibt, wußte ich, aber ich hatte nie mit einer solchen Diagnose gerechnet. Was kommt auf mich zu? Wie soll alles werden? Ich wollte nur noch schlafen und nichts mehr hören und sehen. Trotzdem war für mich das Wichtigste, daß ich endlich wußte, an welcher Krankheit ich litt.
Am gleichen Tag noch wurde eine KMP und eine Lumbalpunktion (LP) gemacht. Abends begann die Therapie mit krebszerstörenden Medikamenten. Am nächsten Tag ging es mir sehr schlecht. Wie fast alle Kinder unter dieser Therapie hatte ich Übelkeit und Erbrechen.
Weitere Untersuchungen folgten, wie Knochenszintigramm, Röntgen der Lunge, des linken Arms und des linken Kniegelenkes, Sonographie von Milz und Leber.
In den nächsten Tagen rappelte ich mich langsam auf. Ich sagte mir: „Jetzt denke bloß positiv, es wird schon alles gutgehen. Ich bin ja nicht das einzige Kind, das an Leukämie erkrankt ist. Andere haben es geschafft, ich schaffe es auch.“ So langsam ging es mir wieder besser, und ich konnte dann auch zur Klinikschule. Einerseits hatte ich keine Lust dazu, andererseits sah ich dann mal was anderes.
Die Therapie schlug sehr gut an. Am achten Tag der Therapie wurde ich auf die Station K5 (Krebsstation) verlegt. Ich hatte nur noch 20 % leukämische Blasten statt 70 %, als ich eingeliefert worden war. In den nächsten Tagen versuchte ich immer nur die Zeit totzuschlagen.
Sieben Tage später hätte ich eigentlich wieder nach Hause gekonnt. Aber leider war mein Blutzuckerspiegel erhöht, und ich mußte wieder zur K4, damit man dort den Blutzucker einstellen konnte. Ich hatte eigentlich damit gerechnet, so nach spätestens einer Woche nach Hause zu dürfen. Ich mußte aber noch vier Wochen bleiben. Ich war also circa sechs Wochen an einem Stück im Krankenhaus.
Bis zum Entlassungstag hatte ich insgesamt 20 kg abgenommen. Ich mußte mir eine Magensonde legen lassen, um durch zusätzliche künstliche Ernährung mein Gewicht wieder zu erhöhen.
Am ersten Tag, an dem ich zu Hause war, ging es mir wesentlich besser als im Krankenhaus. Ich denke, daß der Hauptgrund dafür war, daß ich zu Hause abgelenkt wurde. Außerdem unterschied sich der Tagesablauf natürlich vollkommen von dem im Krankenhaus. Nach ein paar Tagen hatte sich aber alles wieder eingespielt: Ich dachte wieder häufiger über meine Krankheit nach, und prompt ging es mir wieder schlechter.

Die nächsten vier Wochen ging es mir gut, ich hatte nur noch Übelkeit. Ich war zu Hause und brauchte nur viermal in der Woche zum Krankenhaus, um mir ein Medikament spritzen zu lassen.
Dann startete ich ins zweite Protokoll, was für mich das schlimmste war. Im zweiten Protokoll lief nichts planmäßig. Nach der ersten Therapie (MTX) waren meine Mundschleimhäute so entzündet, daß ich eine Woche länger, insgesamt zwei Wochen, im Krankenhaus bleiben mußte.
Bei der zweiten MTX-Gabe war es noch schlimmer. Diesmal war alles entzündet, was sich entzünden konnte: die Schleimhäute im Mund, Rachen, Speiseröhre, Magen, Darm. Ich konnte, wie beim ersten MTX, nichts essen und mußte wieder künstlich ernährt werden. Es kam noch hinzu, daß ich alle fünfzehn Minuten Blutstuhl hatte.
Schrecklich, diese Phase der Therapie! Zu dieser Zeit hatte ich keinen Bock mehr. Ich wollte sogar die Therapie abbrechen. Ich habe es nicht getan, weil Eltern, Schwestern, Ärzte usw. mich überzeugt haben, es weiter zu versuchen.
Heute bin ich froh, denn es geht mir sehr gut.
Die letzten beiden MTX-Gaben beinhalteten nur noch ein Fünftel des Wirkstoffes der ersten beiden Gaben, weil nur noch diese Menge an Therapie bei mir zu verantworten war. Mit dieser viel geringeren Dosis hatte ich keine Probleme, Gott sei Dank!
Jetzt folgten nur noch sieben Wochen der intensiven Chemotherapie. Ich dachte: „Bald habe ich es geschafft. Den Rest mache ich mit links." Es war zum ersten Mal genau so, wie ich es mir vorgestellt hatte. Das Protokoll verlief wunderbar, kaum Nebenwirkungen. Zum Ende des Protokolls verlor ich meine Haare.
Im Anschluß daran begann die Dauertherapie, in der ich mich zur Zeit noch befinde (bis Mai 1997).
Am 24.1.1996 durfte ich – nach 271 Tagen – zum ersten Mal wieder zur Schule gehen. Ich wurde von allen prima aufgenommen, als ob ich nie weggewesen wäre. Natürlich gab es auch ein paar Dumme, die sich über meine fehlenden Haare lustig machten. Es war trotzdem ein tolles Gefühl, wieder in der Schule zu sein. Außerdem konnte ich wieder das tun, wozu ich Lust hatte, so besuchte ich Sportveranstaltungen, ging ins Kino und ins Schwimmbad.
Ostern 1996 war ich vier Wochen zur Jugendkur in Bad Oexen. Das hat mir richtig gutgetan. Wir haben uns prima verstanden und viel unternommen.
Während der Dauertherapie bekam ich auch mal Probleme. Ich hatte eine Leberentzündung und oft Rückenschmerzen. Aber alles in allem muß ich sagen,

daß die Dauertherapie gut zu verkraften ist und in keinem Verhältnis zur Intensivtherapie steht. Dem normalen Tagesablauf steht nichts im Wege.
Zur Zeit fühle ich mich blendend. In fünf Monaten bin ich mit der Therapie fertig.

Ich wünsche euch viel Glück und daß ihr die Therapie besser verkraftet als ich. Außerdem hoffe ich, daß ihr genauso gesund werdet, wie ich es im Moment bin.

Oliver Brach, geboren 5.11.1980 in Essen. Ab 1987 Besuch der Grundschule in Essen-Burgaltendorf, ab 1991 Besuch des Gymnasiums Essen-Überruhr. Mai 1995 Erkrankung an Akuter Lymphatischer Leukämie. Abitur voraussichtlich im Juli 2000. Lieblingsfächer: Sport, Französisch, Latein und Mathematik.

Candan Mutlu

# „Ich werde die Krankheit besiegen“

*Wie alles anfing ...*

Es war ein ganz normaler Tag. Nur mir ging es nicht so gut. Ich hatte Husten und Schnupfen. Trotzdem ging ich zur Schule. Abends bekam ich Fieber und begann zu schwitzen. Meine Mutter sagte wie immer zu mir, ich sollte zum Arzt gehen, aber für mich war ein bißchen Husten doch kein Grund, das gleich zu tun. Auch nach einer Woche ging es mir immer noch nicht besser. Nun ging ich endlich zur Hausärztin. Sie sagte nur, daß im Moment so eine Grippe umginge. Ich bekam einen Saft und Tabletten. Meine Ärztin konnte ja auch nicht wissen, daß es etwas Schlimmeres war als nur eine Grippe.
Ein paar Tage später: Mein blöder Husten wurde nur noch schlimmer. Ich mußte nun zu einer Vertretung, da meine Ärztin in Urlaub war. Die Vertretung schickte mich nach Hofheim ins Krankenhaus mit dem Verdacht auf Lungenentzündung. In Hofheim wurde ich geröntgt, aber was ich hatte, sagten sie mir nicht. Von dort aus schickten sie mich nach Höchst ins Krankenhaus. Meine Eltern waren natürlich immer dabei.
Dort untersuchten sie mich endlich. Die Ärzte gingen dann kurz weg, kamen wieder und wollten mit meinen Eltern allein reden. Ich saß da im Untersuchungszimmer mit der Ungewißheit, was ich hatte. Als meine Mutter und mein Vater hereinkamen, sah ich schon am Ausdruck in ihren Augen, daß etwas nicht in Ordnung war. Der Arzt, der mittlerweile auch wieder da war, fing an, mir zu erzählen, daß ich einen bösartigen Tumor hätte. Meine Eltern waren total geschockt, und mir kamen die Tränen. Was ich nicht so gut fand, war, daß sie uns den ganzen Tag nur hin- und herschickten und uns jetzt schon wieder woandershin überwiesen. Diesmal ging es nach Frankfurt, weil der Arzt gesagt hatte, daß sie mich in Höchst nicht behandeln könnten.
In Frankfurt in der Uniklinik lag ich vier Tage lang auf der Station 32–4, und dann kam ich für 12 Tage auf die Intensivstation. An diese Zeit kann ich mich nicht mehr erinnern. Innerhalb dieser Zeit wurde ich dreimal operiert, genauer: innerhalb von sechs Tagen!
Aber jetzt geht es mir viel besser. Ich kann wirklich stolz auf mich sein, daß ich so früh wieder auf den Beinen bin. Mir fällt ein, daß ich die ganze Zeit nur erzähle und schreibe, aber was für eine Krankheit ich habe, habe ich vergessen

zu erwähnen. Ich habe ein Non-Hodgkin-Lymphom, man nennt es auch Lymphknotenkrebs. Das hört sich bestimmt gefährlich an, aber es ist nicht so schlimm, weil ich weiß, daß man diese Krankheit heilen kann.
Die Behandlung dauert nur sehr lange, und manchmal ist sie auch schmerzhaft. Die meisten Erkrankten bekommen eine Chemotherapie. Meine dauert ungefähr sieben Monate, und dann brauche ich circa zwei Jahre nur noch zur Kontrolle zu kommen.
Wenn man Chemotherapie bekommt, fallen die Haare aus. Als man mir das sagte, mußte ich weinen. Ich hatte „oberpolange" Haare und dachte, das wäre das Allerschlimmste. Jetzt habe ich meine Haare abgeschnitten, bis zu den Ohren. Ich habe zwar noch keine Glatze, aber das kommt noch.
Nun weiß ich, daß die Haare das letzte sind, um das man sich Sorgen machen soll. Für mich ist das Wichtigste, wieder gesund zu werden. Meinetwegen kann die Kontrolle auch länger als zwei Jahre dauern, Hauptsache, ich werde ganz gesund. Eines weiß ich ganz genau: Man muß an sich selbst glauben und darf nicht aufhören, gegen das Böse im Körper zu kämpfen. Und ich weiß, daß ich stärker bin als meine Krankheit, und deshalb werde ich wieder gesund.
Also sei stark, und du schaffst es auch. Viel Glück!

*Meine innersten Gefühle, Ängste und Freuden*

Als mir zum ersten Mal gesagt wurde, daß ich Krebs habe, war mir gar nicht bewußt, was das bedeutet: Ich habe Krebs. Das ist eine Krankheit, über die man sich klarwerden muß. Erst nach einer Weile hatte ich Angst, aber nicht Angst vor dem Tod. Ich hatte riesengroße Angst, nachdem man mir sagte, daß meine Haare ausfallen würden. Ich brauchte Tage, um mir klarzumachen, daß die Haare nicht so wichtig sind. Meine Gesundheit war und ist das Wichtigste. Erst dann wurde mir klar, daß ich vielleicht sterben könnte, aber ängstlich fühlte ich mich irgendwie nicht. Warum? Das kann ich auch nicht beantworten. Ich machte mir oft Gedanken, wie es weitergehen sollte. Und dann bekam ich erst richtige Angst. Als ich dann für längere Zeit im Krankenhaus bleiben mußte, gefiel es mir richtig gut. Die Atmosphäre dort war ganz anders. Ich fühlte mich so, als wäre die Station meine neue Familie. Sie kam mir so warm und zum Wohlfühlen vor.
Als man mir dann sagte, ich könnte bald nach Hause gehen, fühlte ich Freude und Angst gleichzeitig: Freude, weil ich endlich meine Geschwister, meine

ganze Familie sehen durfte und weil ich endlich daheim sein konnte. Aber meine Angst übertraf meine Freude, weil ich mich immer gefragt hatte, wie es sein würde, wenn ich zu Hause wäre. Würden sie mich anders behandeln? Vorsichtiger? Oder würden sie so tun, als wäre nichts gewesen?
Nein, sie waren alle so lieb zu mir. Ich war auf einmal sehr traurig. Auf unsere Haustür hatten sie ein Willkommensplakat für mich geklebt. War das nicht unheimlich lieb von ihnen? Ich habe meine Familie noch nie so gern gehabt wie an diesem Tag. Als ich dann meine jüngeren Geschwister sah, mußte ich weinen. Sie hatten mich nämlich nicht besuchen können, weil sie unter 14 Jahren waren. Als ich sie sah, kamen sie mir um vieles gewachsen vor. Ich hatte das Gefühl, sie eine Ewigkeit nicht gesehen zu haben. Während meiner Krankheit wurde mir erst klar, wie sehr ich meine Familie brauchte und wie sehr ich sie liebte. Es ist schade, daß ich das erst durch meine Krankheit erfahren habe.
In der Zeit, in der ich zu Hause war, lernte ich, was wahre Freunde sind. Ich bekam zwar Karten und Briefe, in denen drin stand, daß sie mich bald besuchen kommen wollten. Ich freute mich sehr darauf, sie alle wiederzusehen. Aber nur manche, eher wenige kamen zu mir. Das fand ich traurig. Es besuchten mich Leute, mit denen ich früher eher weniger zu tun hatte, die ich jetzt aber lieber habe. Und die, von denen ich annahm, sie seien meine Freunde, kamen entweder überhaupt nicht oder nur ganz selten.
Ich wurde sehr traurig, und manchmal mußte ich sogar weinen. Aber jetzt verstehe ich, daß die ganzen Tränen sinnlos waren. Leute, die sich Freunde nennen und sich nicht melden, wenn man sie am dringendsten braucht, weil sie angeblich sehr wenig Zeit haben oder weil die Schule zu stressig ist, haben kein Recht, sich Freunde zu nennen. Wenn ihnen die Freundschaft mit mir auch nur ein wenig bedeutet hätte, würden sie mich anrufen oder irgendein Zeichen geben, daß sie mich mögen. Ich war früher ganz anders, ich hatte coole Freunde und war selber cool. Ich rauchte mit ihnen, und ich merkte nicht, daß ich mich selbst belog. Solche Freunde können mir gestohlen bleiben. Oder Leute, die meinen Lehrern erzählen, sie würden mich fast jeden Tag besuchen, und erzählen, es ginge mir ja so gut, sind Leute, die ich verabscheue.
Diejenige, die das herumerzählte, hat mich am Anfang meiner Krankheit dreimal besucht, und jetzt habe ich sie so lange nicht gesehen, und deshalb kann sie auch gar nicht wissen, wie es mir geht. Ich verstehe nicht, warum sie das tut. Und ich bin ein Mensch, der jedem, egal wer er ist, offen sagt, wie ich fühle und was ich davon halte, was sie getan haben: weil ich möchte, daß sie wissen,

daß sie das, was sie tun, lästern zum Beispiel, entweder ganz sein lassen sollen oder mir es direkt ins Gesicht sagen oder es so anstellen sollen, daß ich es nicht mitbekomme.
Wovor ich auch große Angst hatte, vor kurzem noch, war, daß ich mich spritzen muß. Ich muß die Spritzen nämlich haben, damit die Thrombose nicht erneut auftaucht. Ich fragte mich, was ich hier eigentlich tat. Ich konnte mich auf einmal nicht mehr spritzen. Ich dachte daran, mich ab jetzt von meiner Hausärztin spritzen zu lassen, aber dann sagte ich zu mir: „Candan, reiß dich zusammen, und mach es einfach!"
Ich stellte mir genau vor, wie ich mich spritzte, und dann klappte es auch wieder. Es kostete mich viel Mut, mich selbst zu überwinden. Ich weiß aber auch nicht, warum mich die Angst plötzlich so packte. Vielleicht, weil mir das alles zuviel wurde. Wenn mir so etwas nochmals passieren sollte, denke ich immer daran, was ich Melanie versprochen habe.

*Dr. Linde*

Er war der erste Arzt, den ich im Krankenhaus kennenlernte, und sofort wußte ich, daß er ein besonderer Arzt ist. Schon am Aussehen erkennt man, daß er ein lustiger und sympathischer Kerl ist: mit Schnurrbart und wenig Haaren auf dem Kopf.
Er ist nun auf einer anderen Station. Mir persönlich wird sein ungewöhnliches „Jaulen" fehlen, das er „Niesen" nannte. Es erinnerte mich immer an einen Cowboy im Wilden Westen, wo man sein Jaulen meilenweit hören könnte. Wenn er zum Blutabnehmen kam und ich gerade Musik hörte, sang und tanzte er manchmal mit. Die anderen Ärzte mag ich auch sehr, aber Dr. Linde ist was anderes. Mit ihm war man fröhlich und glücklich, mit ihm fing der Tag erst richtig an. Ich habe noch keinen Tag erlebt, wo er schlechtgelaunt war. Er hatte immer gute Laune.
Wenn man in seiner Nähe war, schien immer die Sonne. Man mußte einfach gutgelaunt sein. Ich glaube, daß ihn jeder mochte und daß niemand die schöne Zeit mit ihm vergessen wird. Ich und bestimmt auch viele andere werden an ihn denken und ihn ganz bestimmt nicht vergessen. Ich hoffe, es hat ihm viel Spaß bei uns gemacht, und ich hoffe, daß es ihm auf der anderen Station mit den kleinen Babys auch gut gefällt.
Ich kann nur sagen, daß er ein prima Arzt ist.

*Und dann die Nebenwirkungen ...*

Nach den ganzen Operationen durfte ich für zwei Wochen nach Hause, danach mußte ich für die Chemotherapie und für die Lumbalpunktion (LP) wieder ins Krankenhaus. Bei der Punktion nahmen die Ärzte mir auch gleich meinen Hickman heraus, weil er vereitert war. Ein Hickman wird operativ gelegt und muß deshalb auch durch eine Operation wieder herausgenommen werden. Bei mir hat man den Hickman einfach so herausgezogen, ohne eine Operation. Daher glaube ich, daß ich die Thrombose an meinem Arm dadurch bekommen habe.
Normalerweise wäre ich wie die anderen Kinder für die Therapie nur hergekommen und nach ein paar Tagen wieder nach Hause gegangen. Aber bei mir mußte alles anders sein: Also, ich konnte nicht nach Hause, weil mein Hickman vereitert war und mein Arm durch die Thrombose anzuschwellen begann. Da ich nun keinen Hickman-Katheter mehr hatte, mußte ich jedesmal gestochen werden, weil ich noch den Tropf brauchte. Mit der Zeit gingen meine Venen kaputt, und es wurde immer schwieriger, eine Stelle zu finden, wo Blut zurückkam. Sie mußten mich manchmal sogar drei- bis viermal stechen, um eine gute Vene zu finden. Und wenn der Arzt dann eine gefunden hatte, hielt die Nadel nur ein paar Stunden. Und er mußte von neuem auf die Suche nach einer guten Vene gehen.
Am Anfang machte mir das Stechen nicht allzuviel aus. Ich sagte mir jedesmal: Ich muß stark und tapfer sein. Aber mit der Zeit hatte ich einfach keine Kraft mehr, tapfer zu bleiben. Das Stechen tat so weh, und wenn die Nadel drin war, fing es sofort an zu brennen, wenn die Antibiotika durchliefen.
Alles wurde mir einfach zuviel. Manchmal dachte ich daran aufzugeben, aber ich bin froh, daß ich es nicht getan habe. Die Ärzte und Schwestern waren alle sehr lieb zu mir. Ich glaube, daß die Ärzte manchmal auch ganz schön verzweifelt waren.
Ich bekam dann so ein Stechen im Bauch, und es wurde von Tag zu Tag schlimmer. Mal ging es weg, und dann ganz plötzlich stach es wieder. Und es blubberte ganz doll in meinem Bauch. Manchmal waren die Schmerzen so stark, daß ich weinen mußte. Mir taten die Beine, genauer gesagt, die Knochen weh. Ich bekam immer Schmerzmittel. Meine Beinschmerzen gingen dann für eine Zeit weg, aber mein Bauch blubberte immer noch, und das tat sehr weh.
Dann sagten mir die Ärzte, daß ich sofort operiert werden müßte, weil ich vielleicht eine Darmverwachsung hätte. Also wurde ich an demselben Abend operiert, und es war auch eine Darmverwachsung.

Nach der Operation kam ich auf die Intensivstation, aber ich blieb Gott sei Dank nicht lange dort. Ich konnte nach drei bis vier Tagen zurück auf die Station.

Vor der Operation hatte ich eine Magensonde bekommen, die durch die Nase in die Speiseröhre geht. Ich hatte noch nie in meinem Leben so viel Angst. Auf der Intensivstation wurde mir die Magensonde gezogen, weil ich es nicht aushalten konnte. Ich war wirklich froh, daß ich wieder auf der Station oben war. Dort bekam ich gesagt, daß ich noch eine Lungenentzündung hätte. Die Ärzte wußten keinen Grund, warum ich das alles bekommen hatte. Das hatte ja mit meiner Krankheit gar nichts zu tun. Das waren alles Nebenwirkungen.

Gott sei Dank legten mir die Ärzte irgendwann einen Venenkatheter. Den kann man auch ohne Operation legen. Nun war ich erleichtert, weil ich nicht mehr gestochen werden mußte.

Wegen all der Nebenwirkungen mußte ich sechs Wochen im Krankenhaus bleiben, und ich konnte auch nicht aufstehen. Sechs Wochen im Bett zu liegen, und das ohne aufzustehen, das ist ganz schön schwer. Die Ärzte konnten mit der Chemotherapie eine Zeitlang nicht weitermachen. Ich verlor ganz schön viel Zeit. Ich durfte dann für drei Wochen nach Hause gehen.

Nach der Pause haben wir mit dem zweiten Protokoll angefangen. Nun gehe ich für vier bis fünf Tage auf die Station und darf dann für zehn Tage nach Hause. Und das geht acht Wochen lang so. Wenn ich im Krankenhaus bin, bekomme ich die Therapie MTX und am Anfang eine LP. Jetzt im zweiten Protokoll geht es mir soweit ganz gut.

## *Die Krankheit akzeptieren*

Also, ich habe mich damit abgefunden, daß ich Krebs habe. Jeder weiß, wie schlimm so eine Krankheit ist, und jeder weiß auch, daß man bei einer solchen Krankheit stark sein muß. Ich habe diese Krankheit akzeptiert. Man muß wirklich an sich glauben und niemals einen Gedanken daran verschwenden, aufzugeben, obwohl das manchmal schwerfällt.

Früher hatte ich panische Angst vor Krankenhäusern, auch wenn es um gar nichts Schlimmes ging, wie zum Beispiel Röntgen. Sobald ich nur hörte, daß ich ins Krankenhaus sollte, fing ich an zu heulen und rastete aus.

Die Symptome für meine Krankheit waren Husten, Atemnot und Fieber, und deswegen sollte ich im Krankenhaus geröntgt werden. Da ihr ja nun wißt, wie ich zu Krankenhäusern stehe, könnt ihr euch vorstellen, wie ich reagierte, als ich nach Frankfurt in die Klinik sollte. Ich schrie mir wie ein kleines hysterisches Mädchen die Kehle wund und hatte riesiggroße Angst. In meinen Gedanken waren hundert Fragen. Meine größte Sorge waren immer die Schmerzen, denn ich hatte furchtbare Angst vor Schmerzen. Deshalb fragte ich mich, ob sie mir im Krankenhaus weh tun würden. Wenn ich an Krankenhaus oder Arzt denke, ist mein erster Gedanke Spritze und Schmerzen, obwohl ich immer daran gedacht habe, Ärztin zu werden. Der Gedanke ist noch nicht verworfen. Wegen all der Narkosen kann ich mich kaum daran erinnern, wie der Arzt versuchte, mir meine Krankheit zu erklären. Erst nach und nach konnte ich wieder klar denken, und als man mir dann bei klarem Verstand sagte, daß ich Krebs hätte, da wußte ich nicht genau, was ich denken oder fühlen sollte, denn ich hatte keine Kenntnisse darüber, keine genauen, nur aus Zeitschriften oder so. Ich wußte, daß es eine tödliche Krankheit ist, und ich dachte, sie sei wie Aids unheilbar. Obwohl ich mich daran erinnerte, wußte ich in dem Moment, als man mir das sagte, nicht, was ich denken sollte. Erst als man mir sagte, daß meine Haare ausfallen würden, war ich total geschockt. Ich wollte es einfach nicht glauben. Ich heulte tagelang. Alle versuchten, mir Mut zu machen, und sagten: „Die wachsen doch wieder nach“, aber das einzusehen war schwer – aber akzeptabel.

Nun bin ich schon im dritten Protokoll und habe wieder eine Vollglatze. Vor zwei Wochen waren meine Haare schon wieder ungefähr 2 cm lang gewesen. An den Tagen war ich total glücklich, und wenn man die kurzen Haare dann so sieht, bekommt man noch mehr Mut und Hoffnung. Als dann meine Haare ausfielen, war ich traurig, und einmal habe ich auch geweint. Ich fragte mich: Warum? Wahrscheinlich weil meine Freude vorher über das Wachsen der Haare so groß war und ich wirklich Hoffnung hatte.

Meine Einstellung zu meiner Krankheit ist von Anfang an bis jetzt immer gleich gewesen. Ich habe eine große Familie, aber nicht nur meine Familie, auch die Schwestern und Ärzte haben dazu beigetragen, daß ich diese Krankheit schon fast besiegt habe. Ich sage „fast“, weil die Chemotherapie noch nicht fertig ist. Alle haben mir zugeredet und oft gesagt, wie mutig und tapfer ich bin, und das hat mir sehr geholfen.

Einmal hat mir eine Mutter erzählt, man soll sich die Chemotherapie vorstellen, als wenn Tausende von Krokodilen zum Tumor wandern und die bösen Tumorzellen fressen. Wenn man sich so etwas vorstellt, hilft es, sehr stark zu sein, weil man sozusagen die Krokodile selbst ist und die bösen Tumorzellen zerstört. Man hat eine gewisse Macht über den Tumor. Man muß sich das richtig und bewußt vorstellen. Sich so richtig darin vertiefen – und dabei gehen dann auch ein paar Tumorzellen kaputt.

Am Anfang meiner Krankheit hatte ich oft Angst vor dem Sterben, weil mich dieses Thema beschäftigte. Ich überlegte, ob es schmerzhaft oder weniger schmerzvoll sein würde. Wie es nach dem Tod sein würde … An den Tagen, an denen ich auf der Station war, dachte ich fast nie über meine Krankheit nach, außer jemand fragte mich danach. Auf der Station wird für viel Ablenkung gesorgt, und ich bin jemand, der sehr gerne bastelt, malt, schreibt und spielt und vieles vieles mehr.
Aber wenn ich zu Hause war, dachte ich oft über meine Krankheit nach. Vielleicht zu oft, weil das dazu führte, daß ich an traurige Dinge dachte, und man hat mir gesagt, ich soll nie traurig sein und sooft wie möglich an schöne, andere Dinge denken. Ich habe mich immer etwas beschäftigt und dann kaum noch an meine Krankheit gedacht, aber ganz abschalten, das konnte ich nicht.

Wenn ich Chemotherapie bekomme, fühle ich eigentlich wenig. Ich denke an die kleinen Krokodile, die die bösen Tumorzellen vernichten. Ich weiß zwar, daß die Chemotherapie auch gute Zellen zerstört, aber das macht mir weniger aus, weil ich gesund werden möchte. Und ich hoffe wirklich sehr, daß die Chemotherapie mich gesund macht.
Ich wünsche jedem kranken Kind auf dieser großen Welt, daß es gesund wird. Ich weiß, wieviel man leiden und was man durchmachen muß. Auch wenn die anderen Kinder mich nicht verstehen können, hoffe ich trotzdem, daß meine Gedanken irgendwie den anderen Kindern helfen, wenn ich sage, daß sie nicht aufhören sollen, stark zu sein. Ich weiß wirklich, wie das ist. Ich mache zur Zeit eine sehr schmerzliche Phase durch, und es ist wirklich schwer, dabei noch stark zu bleiben. Ich habe eine tolle ältere Schwester und auch meine Eltern, aber mit meiner Schwester kann ich besser über solche Sachen reden. Alle stehen mir wirklich super zur Seite und sorgen dafür, daß ich nie versuche, daran zu denken, aufzugeben. Ich hoffe, andere Kinder haben auch das Glück.
Ich fragte mich früher, warum die krebskranken Kinder das alles durchmachen müssen. Wir haben doch Krebs, und unsere Haare fallen aus, wir dürfen lange Zeit nicht zur Schule, wir dürfen vieles nicht, und dann müssen wir wegen der Chemo auch noch so leiden. Die vielen Nebenwirkungen machen uns ganz kaputt. Und doch müssen wir das alles durchmachen und den Willen haben, ge-

sund zu werden, stark bleiben und an sich selbst glauben. Das Wichtigste: man muß gesund werden *wollen*.
Wir können noch etwas dazu beitragen, gesund zu werden, indem wir nämlich mit den Ärzten zusammenarbeiten. Wenn man Schmerzen hat, muß man den Mut haben, es den Ärzten zu sagen. Solange wir es nicht sagen, können sie uns auch nicht helfen. Ich weiß, am Anfang ist es schwer, mit den Ärzten zu reden, aber mit der Zeit lernt man sie wirklich gut kennen, und dann sieht man, daß die auch ganz schön lieb und sympathisch sein können. Wir können auch mithelfen, indem wir stark bleiben und die Zähne zusammenbeißen, wenn die Ärzte uns mal pieksen müssen, und es nicht verweigern.

*Auf jeden Fall werde ich mein Abi machen*

Wenn ich über meine Zukunft nachdenke oder daran, was aus mir nach der Chemotherapie wird, packt mich ein Gefühl von Angst. Ich darf dann zwar wieder in die Schule gehen, darf zu meinen Freunden. Die Schule vermisse ich wirklich. Jetzt dauert es nur noch sechs Monate, und ich darf wieder hingehen. Heute bedrücken mich aber viele Fragen. Ich komme in eine neue Klasse, zwar bin ich dann immer noch in derselben Schule, aber ich weiß nicht, ob ich mich mit meinen neuen Mitschülern verstehen werde. Werden meine Mitschüler mich akzeptieren? Wie werden sie mich behandeln, nachdem sie wissen, daß ich Krebs habe? Werde ich dieser neuen Klasse erzählen müssen, wie alles im Krankenhaus abgelaufen ist? Oder werde ich sagen, daß ich darüber nicht reden möchte? Es reicht doch, daß sie wissen, daß ich krank war und Krebs hatte. Ich weiß, daß ich auf jeden Fall das Abi machen will. Ich werde es nicht leicht haben, aber ich werde mir viel Mühe geben. Und dann, wenn mein Abi gut genug ist, möchte ich studieren.
Nach der Chemotherapie bin ich dann endlich fertig. Natürlich werde ich zur Kontrolle immer noch ins Krankenhaus gehen, aber nicht nur aus diesem Grund. Ich will doch die Schwestern, Ärzte und all die anderen Leute und Kranken besuchen. Ich könnte nicht so tun, als kenne ich all diese Leute nicht, nachdem man mir sagt: Du bist gesund, du brauchst nicht mehr hierher zur Kontrolle zu kommen. Irgendwie sind die Ärzte, die Schwestern und alle die anderen, die dort arbeiten, wie eine Familie. Ich habe sie alle so lieb.
Ich habe mir oft Gedanken darüber gemacht, ob ich mit einem Rückfall rechnen muß und dann sogar mit dem Tod. Ich finde, man sollte keine Ängste vor

dem Tod haben. Ich möchte es wissen, wenn der Tod für mich naht. Wenn man weiß, daß man stirbt, was bringt es noch, wenn man Angst davor hat, man kann es doch nicht ändern. Also, warum soll man nicht aus den letzten Tagen oder Jahren das Beste machen, anstatt in Selbstmitleid zu ertrinken!

Das Schlimmste – die intensive Chemotherapie – hatte ich hinter mir. Doch freuen konnte ich mich nicht. Ich fühlte nur Erleichterung. Am Mittwoch, den 9.3.1994 war ich mit der Chemotherapie fertig. Dann hatte ich aber ganz dolle Kopfschmerzen und Rückenschmerzen. Sie waren kaum auszuhalten. Die Ärzte meinten, die Schmerzen wären noch von der letzten Punktion, und ich sollte deswegen viel trinken, dann würden sie auch weggehen. Die Schmerzen wurden nicht besser, und so kam ich dann auf die Station. Ich bekam Schmerztabletten, doch wenn die Wirkung der Tabletten aufhörte, fingen die Schmerzen wieder an.
Sie machten eine Punktion, um das Gehirnwasser zu untersuchen. Die Ärzte wollten feststellen, ob ich eine Hirnhautentzündung hätte. Ich wußte überhaupt nicht, was das ist. An dem Tag war Marylin da, sie ist auch eine Patientin und eine sehr liebe und gute Freundin von mir. Sie erzählte mir, daß sie als kleines Kind eine Hirnhautentzündung gehabt und sie gut überstanden hätte. Da es noch nicht genau feststand, ob ich nun eine Hirnhautentzündung hatte oder nicht, wollte sie mir nicht erklären, was es ist.
Auf jeden Fall kam nach der Untersuchung ein Arzt in mein Zimmer und fragte mich, wo mein Vater sei. Er fragte irgendwie schnell, wie wenn es dringend wäre. Und ich sagte, daß er es mir auch sagen könnte, was immer es auch sei. Schließlich sei ich die Kranke und nicht mein Vater.
Nun ja, bei der Untersuchung sei alles in Ordnung gewesen, und ich hätte keine Hirnhautentzündung. Nachdem es hieß, daß alles in Ordnung sei, erklärte mir Marylin, daß man an einer Hirnhautentzündung sterben oder „plemplem" werden könnte. In dem Moment, wo sie es sagte, wußte ich nicht, was ich jetzt antworten sollte. Irgendwie bekam ich Angst, obwohl die Ärzte meinten, daß alles o. k. sei. Mir war irgendwie nicht wohl bei der Sache.
Am nächsten Morgen bei der Visite sagte mir der Professor, daß ich eine leichte Hirnhautentzündung hätte, Antibiotika bekommen würde und alles nicht so schlimm sei. Doch in diesem Augenblick wollte ich weinen, da ich nun wußte, was geschehen konnte, aber ich konnte nicht weinen. Das war wahrscheinlich der Schock. Ich wußte, daß da was nicht in Ordnung war.
Langsam kenne ich nun die Ärzte. Die sagen einem nie von Anfang an die

Wahrheit. Erst heißt es: Es ist nichts, dann beginnen sie mit den Medikamenten, und sie lassen den Patienten und die Eltern immer nur wissen, daß alles in Ordnung ist.
Und wenn die Medikamente begonnen haben zu wirken, dann sagen sie: „Na ja, Ihre Tochter hatte eine Hirnhautentzündung, aber nun ist alles in Ordnung."
Und das finde ich nicht richtig. Das ist meine Meinung. Ich bin jemand, der wissen will, was mit ihm geschieht, wie schlimm es auch sei. Auch dann, wenn der Tod vor mir steht. Dann kann ich mich wenigstens darauf einstellen. Ich weiß, die Ärzte meinen es nur gut, indem sie es eine Weile verschweigen. Es gibt ja auch Patienten, die es so besser finden. Aber ich nicht. Ich hatte noch nie Angst vor dem Tod. Es ist eine natürliche Sache. Ich sagte mal zu mir, daß jeder sterben müsse, auch wenn ich vielleicht früher sterben muß. Deswegen brauche ich keine Angst davor zu haben. Es ist keine schöne Sache, aber man kann nichts daran ändern, wenn es so weit ist. Man sollte das Beste daraus machen.
Aber als ich erfahren hatte, daß man an einer Hirnhautentzündung (Meningitis) sterben kann, da hatte ich plötzlich Angst vor dem Tod. Es kam so überraschend. Ich war auf so etwas nicht vorbereitet.
Mir ist klar, daß man an Krebs sterben kann, und ich habe nunmal Krebs, aber ich bin fertig mit der Chemotherapie und so gut wie gesund. Und jetzt auch noch Meningitis. Das war doch zuviel für meine Nerven. An einem Abend habe ich sehr lange geweint, weil ich daran dachte, was nun passieren würde. Ich dachte daran, daß ich nicht jedem gesagt hätte, daß ich ihn liebte. Ich hatte Angst, daß es zu spät sein würde und einige nicht wüßten, daß ich sie liebte und wie sehr mir alles leid täte. Und daß ich mich noch bei so vielen verabschieden müßte.
Nun, ich durfte nach einer Woche Stationsaufenthalt nach Hause und die Antibiotika als Tabletten zu Hause nehmen. Und jetzt brauche ich auch keine Schmerztabletten mehr. Mir geht es richtig gut, und ich bin wirklich glücklich, daß es nicht schlimmer geworden ist.

### *Die Erzieherinnen*

Man spricht immer von den Ärzten und Schwestern und davon, wie lieb sie alle sind. Aber da gibt es auch noch die Erzieherinnen, und ich finde, sie haben auch ein Lob verdient. Auf unserer Station 32–4 gibt es zwei Erzieherinnen. Sie heißen Barbara und Nicola. Ich möchte kurz beschreiben, was die beiden so machen. Einen so richtig erziehen tun sie ja nicht gerade. Dafür sind auch ei-

gentlich die Eltern zuständig. Nicola und Barbara, also eine von beiden kommt dann zu dir und redet mit dir, leistet dir sozusagen Gesellschaft, wenn dir langweilig ist oder so. Sie spielen auch Spiele mit dir oder lesen dir etwas vor. Und wenn man zum Basteln Lust hat, dann bringen sie dir das dazugehörige Material. Sie können nicht jeden Tag zu einem kommen, weil es noch viele andere Kinder gibt. Und ganz besonders kleinere Kinder wollen mit den Erzieherinnen zusammen spielen, aber man kann ihnen sagen, was man machen will, und sie bringen es dir gerne, und ein anderes Mal haben sie vielleicht ein bißchen Zeit für dich. Also, dort wird niemand vernachlässigt.
Was ich ganz lieb finde, ist, daß manchmal – bei mir war die Barbara dabei – eine Erzieherin mitkommt, wenn man eine Punktion bekommt oder so. Sie halten dir dann die Hand und reden mit dir oder erklären dir genau, was die Ärzte jetzt mit dir machen. Und dann fühlt man sich auch viel besser, und die Angst vergeht ein wenig. Also, Nicola und Barbara sind wirklich zwei nette Leute. Und ich wollte mich bedanken für das, was sie tun.
Danke euch beiden!

*Eine Freundschaft*

Eine kurze Freundschaft zwischen Melanie und mir, die schnell zu Ende ging. Ich war eine sehr lange Zeit mit ihr in einem Zimmer. Wir haben uns gut verstanden. Sie war erst vierzehn, und sie hatte die schlimmste Krankheit auf der Station. Man sagte ihr, daß sie nur 5% Chance zu leben hätte. Doch diese einzigen 5% gaben ihr Mut, nicht aufzugeben. Sie war stark und tapfer. Sie hatte eine sehr lange Zeit, eigentlich die meiste Zeit, die ich sie kannte, nur Schmerzen. Die Krankheit, die sie hatte, haben nur 15 Erwachsene in Deutschland und sie; sie war doch erst 14 Jahre alt. Ich mochte sie so sehr, und ich frage mich: Warum, warum mußte das alles so geschehen? Warum hat Gott sie uns weggenommen? Sie war das netteste Mädchen, das ich kennengelernt habe, und ich werde sie nie vergessen. Niemals!
Ich hatte sie so lange nicht mehr gesehen, obwohl wir beide eine lange Zeit auf der Station lagen. Ich durfte nicht aufstehen, weil ich eine Thrombose am Arm bekam und der Darm sich verwachsen hatte. Aber ich sagte mir jedesmal, daß, sobald ich gehen kann, ich sie besuchen werde. Als ich dann endlich aufstehen durfte, war sie zu Hause, und das ging immer so weiter. Ich konnte sie immer noch nicht sehen.

Als ich dann am Dienstag, den 9.11.1993 auf die Station kam wegen des MTX, war mein erster Gedanke: „Melanie“. Ich fragte Schwester Christa, die sehr freundlich und lieb war, in welchem Zimmer Melanie lag, weil ich sie unbedingt sehen wollte. Da ging die Schwester kurz weg. Na ja, dann ging ich erst mal in mein Zimmer und packte aus.
Mein Vater kam zu mir und fragte, ob er es mir wohl sagen sollte oder nicht. Natürlich mußte er es sagen, sonst hätte ich keine Ruhe gelassen. Er sagte mir an dem Tag, daß Melanie gestorben sei. Ich verstand nicht warum und wollte es auch nicht verstehen.
Ich fing einfach an zu weinen. Sie wollten es mir aus dem Grund nicht sagen, weil ich sie so gern hatte und ich es nicht verkraften würde. Dann kam Schwester Christa und tröstete mich. Das fand ich wirklich lieb von ihr. Sie versuchte mir zu erklären, daß es so besser sei, weil Melanie so starke Schmerzen gehabt hätte und sie mit der Chemotherapie auch nicht hätten weitermachen können.
Ich war so traurig, weil ich sie nochmals sehen und sprechen wollte. Was würde ich dafür hergeben, nochmals ihre Stimme hören zu können? Ich hatte sie so lieb. Ich hoffe, ihr geht es jetzt gut, wo sie ist, und ich hoffe, sie denkt auch mal an uns.
Ich werde mir ein Beispiel an ihr nehmen. Sie war das stärkste Mädchen, das ich kannte. Sie hat nie aufgehört zu kämpfen, sie hat nie aufgegeben, aber die Krankheit hat sie besiegt. Doch ich werde die Krankheit besiegen, mit der Kraft von uns beiden.

Melanie, ich schwöre dir, ich werde dich niemals vergessen. Du hast tief in meinem Herzen einen Platz, doch ich hoffe vielmehr, daß du jetzt, wo du bist, gut aufgehoben bist.
Lieber Gott, bitte schütze sie!

*Der Tod*

Die Welt kann friedlich und ruhig sein,
doch sie kann auch grausam und böse sein.

Niemand will mit dem Tod zu tun haben,
aber man muß sich auch mal an dieses Thema wagen.

Der Tod ist das Grausamste auf der Welt,
niemand kann es gutmachen mit Geld.

Einen Menschen, den man liebt, zu verlieren
ist das Schlimmste, was kann passieren.
Man darf es nicht einfach ignorieren,
man muß versuchen, die Welt zu kapieren.

Lieben und geliebt werden
ist das, was wir Kinder wollen.
Wir lieben unsere Eltern, Geschwister,
Verwandten und Freunde,
aber irgendwann müssen wir zu den Leuten,
die wir lieben, auch Ade sagen können.

Freunde, die wir durch den Tod verlieren,
haben einen besonderen Platz in unserem Herzen.
Dieses Plätzchen kann durch nichts erfrieren,
es wird warm gehalten durch 1000 Kerzen.

*Rückfall*

Rückfall – was bedeutet das für mich? Weltuntergang, oder alles geht von vorne los? Manchmal, wenn ich mir Gedanken machte, hatte ich irgendwie Angst, aber das war eine andere Angst. Ich kann es nicht genau beschreiben, aber ich glaube, einerseits hatte ich Angst, wieder alles durchmachen zu müssen, mit all den Schmerzen, die ich schon beim ersten Mal durchlitten hatte, und Angst, weil wieder der Tod eine große Rolle spielen würde. Würde ich es auch beim zweiten Mal schaffen? Das ist für mich die wichtigste Frage überhaupt. Na ja – Rückfall –, normalerweise bräuchte ich gar keine so große Angst zu haben, weil ich ja ungefähr weiß, was auf mich zukommt. Abgesehen von den Nebenwirkungen, die einen immer überraschen können. Im Moment sage ich mir: „Wenn du es beim ersten Mal geschafft hast, wirst du es auch beim zweiten Mal schaffen." Doch wird es auch so sein? Ich glaube, daß der Rückfall große seelische Probleme hinterläßt. Man stellt sich andauernd die Frage: Warum wieder ich? Nicht wie beim ersten Mal nur: Warum ich?, sondern: Warum wieder ich? Und die Frage läßt einen deprimiert und schwach werden, obwohl man wieder wie beim ersten Mal stark und stur bleiben muß. Die Angst dabei wird einen immer verfolgen, aber dieses Mal wissen wir dann, was auf uns zukommt, und wir wissen, daß es Leute gibt, die zu uns halten werden (wie immer) und uns Mut machen werden. Das zweite Mal wird es etwas einfacher für uns, weil wir die Ärzte und Schwestern schon kennen und wissen, daß sie für uns da sind und alles tun, damit wir gesund werden. Trotzdem wird es für jeden schwer: für die Verwandten, Familie, Freunde und für den Betroffenen selbst.

Candan Mutlu, geboren in Ankara/Türkei, mit 8 Monaten nach Deutschland. Besuch der Grundschule und Gesamtschule in Kelkheim, dann Immanuel-Kant-Schule. 30.7.1993 Erkrankung an einem Non-Hodgkin-Lymphom. Behandlung mit mehreren Operationen, Chemotherapie und Dauertherapie.

Stefan Pfeifer

# Unglaublich viele Erfahrungen – auch gute

## *Beginn der Erkrankung*

Am Tag vor meiner Klassenfahrt im September 1993 hatte ich plötzlich sehr starke Schmerzen in der Leiste. Ich mußte die Klassenfahrt absagen. Nach fünf Tagen verschwanden die Schmerzen. Alle, darunter auch ich, glaubten, es wäre eine Sportverletzung. Ich treibe viel und leidenschaftlich gerne Sport. Ich war gerade 12 Jahre alt.

Im Dezember 1993 traten heftige Schmerzen im linken Oberarm und leichtes Fieber auf. Wegen des Fiebers waren meine Eltern besorgt und gingen mit mir zum Orthopäden. Mir schien diese Vorsichtsmaßnahme übertrieben, aber als meine Mutter mir im Wartezimmer des Orthopäden ein Plakat zeigte, änderte sich meine Meinung. Das Plakat zeigte ein Osteosarkom (Knochentumor), und ich sah ein, daß wir diese Krankheit ausschließen wollten. Nach einer Röntgenaufnahme urteilte der Orthopäde: „Es handelt sich um eine Verletzung im muskulären Bereich." Erleichtert verließen wir die Praxis. Die Schmerzen ließen langsam nach, und alles ging seinen gewohnten Gang.

Ende Januar 1994 begannen starke Rückenschmerzen. Meine Streckmuskeln waren immer sehr hart. Deshalb dachten wir, die Ursache der Schmerzen seien Verspannungen. Ich nahm öfter heiße Bäder, und ab und zu massierte mich mein Vater. Als darauf Lymphknoten auftraten und ich nichts mehr aß, machten sich meine Eltern sehr große Sorgen. Mein Vater nahm mir Blut ab – er ist Arzt für Allgemeinmedizin –, mit dem wir dann in die Kinder-Poliklinik zu einer Untersuchung fuhren. Ausgerechnet an Weiberfastnacht, das ist im Rheinland ein Tag, an dem eigentlich nichts passieren darf. Wir trafen auf einen recht unerfahrenen, jungen Arzt im Piratenkostüm, der mich und dann mein Blut gründlich untersuchte. Er versprach uns, Bescheid zu sagen, sobald die Blutuntersuchung fertig sei. Mein Vater hatte nämlich den Verdacht, daß ich eine Leukämie haben könnte.

Voller Spannung warteten wir zu Hause auf den Anruf: Der Arzt sagte, es gäbe im Blut keine Anzeichen für eine Leukämie. Wir waren zunächst sehr froh über diese gute Nachricht und hielten an dem Gedanken fest, meine Krankheit sei eine schwere Mononucleose (Pfeiffersches Drüsenfieber).

Ich erholte mich nach einigen Tagen und glaubte, die Krankheit überwunden zu haben. Irrtum! Nach einer Woche kam ein Rückfall, der mich beinahe direkt in eine lebensgefährliche Situation brachte. Ich hatte wahnsinnige Schmerzen, war unheimlich verspannt und nahm stark ab. Meine Eltern wußten mir nicht mehr zu helfen und riefen einen guten Freund an, der in der Kinderklinik Oberarzt gewesen war. Dieser kam vorbei und sagte spontan zu meinem Vater, er müsse sehr bald mit mir zu einem Spezialisten. Zudem rief dieser ehemalige Oberarzt noch am Abend den Professor an, den er gut kannte, und machte einen Termin für den nächsten Tag aus.

Am nächsten Morgen also – ein Samstag – fuhren wir in die Klinik, wo mich der Professor von Kopf bis Fuß untersuchte. Er konnte mir nichts Genaues sagen, meinte aber, daß ich sehr schwer krank sei. Er war wirklich nett zu mir und bestellte mich für Montag zu einer KMP = Knochenmarkspunktion auf seine Station (pädiatrische Onkologie/Hämatologie). Er ließ mich übers Wochenende noch zu Hause bleiben, da ich „in guten Händen sei".

Doch am Sonntagabend um 21.30 Uhr ging es mir so schlecht, daß meine Eltern sofort mit mir in die Klinik fuhren. Ich konnte mich vor Schmerzen kaum mehr bewegen und hatte 40° Fieber. Am Abend noch untersuchte mich der Professor zum zweiten Mal. Er legte mir eine Braunüle (Nadel), durch die ich Antibiotika bekam. Unter Schmerzmitteln, die mir meine Eltern gaben, verbrachte ich die Nacht in einem elektrisch verstellbaren Holzbett, was man durchaus als Luxus ansehen konnte, im Vierer-Zimmer. Neben mir durfte meine Mutter auf einem Klappbett schlafen.

*Diagnostik*

Am nächsten Tag – Montag, den 7.3.1994 – waren KMP (Knochenmarkspunktion) und Stanze in Narkose vorgesehen. Nach der Auswertung dieser Eingriffe stand fest, daß ich eine bösartige Erkrankung hatte. Nur festlegen konnte man sich nicht: „ein blauer Rundzelltumor, Verdacht auf Neuroblastom". Nun standen mir sehr viele Untersuchungen bevor. Noch am Montag ein Ultraschall von Abdomen (Bauchraum) und Wirbelsäule, dann wurde die Lunge geröntgt.

Die Zeit bis zum Beginn der Therapie war für mich sehr schlimm. Ich wurde ständig unter starken Schmerzen mit meinem Vater im Krankenwagen zu Untersuchungen gefahren. Der nächste Tag – Dienstag – brachte erneut eine KMP und eine Stanze mit sich, weil am Montag nicht genügend Material herausgeholt werden konnte. Ich hatte zum ersten Mal eine Liquorpunktion (LP) be-

kommen, doch zu meinem Glück in Narkose. Außerdem bekam ich Untersuchungen wie CT vom Schädel und Ganzkörperszintigramm.
Zur Erleichterung in dieser Zeit hatte ich sehr gute Freunde, die mich, wenn ich nicht gerade unterwegs war, besuchten. Ich denke da besonders an meinen Bruder Martin, den Rest der Familie, Pater Langer und Frau Dr. Gauger. Sie halfen mir, den Mut und den Willen, wieder gesund zu werden, nicht zu verlieren.
Am 9.3.1994: CT von Thorax und Abdomen. Der Befund zeigte, daß ich einen Cool Spot, einen Punkt am 9. Brustwirbelkörper hatte, der kein Kontrastmittel speicherte. Am Nachmittag standen Röntgenaufnahmen von Kiefer und Rippen auf dem Plan. Ich begann, wieder etwas zu essen. Jeden Tag, am Ende der Untersuchungen, wenn es zum Abend hinging, lieferten meine Eltern die von mir gewünschte Speise. Sie verwöhnten mich sehr. Ich spielte öfter Karten mit meinen Eltern und meinen Geschwistern; es machte mich glücklich, wenn sich meine ganze Familie um mich versammelte.
Der Professor suchte immer noch nach einem soliden Tumor. Da er keine klare Diagnose stellen konnte, versuchte er, nach und nach einzelne Krankheiten auszuschließen.
Am nächsten Morgen bekam ich in der Chirurgie meinen „Port“ eingepflanzt. Ein Port ist eine Silikonkapsel, die man unter die Haut auf einen Rippenbogen setzt, in der Nähe der Schulter. Von dieser Kapsel aus geht ein Schlauch durch die Vene bis direkt vors Herz. Medikamente können so durch den Port direkt vors Herz und von dort in den ganzen Körper gepumpt werden. Um ihn gleich einmal „auszuprobieren“, bekam ich nochmals eine KMP und eine Stanze in Narkose.
Nachmittags wurde ich zum zweiten Mal in ein neues Zimmer verlegt und spielte mit Martin. Abends schenkte mir Pater Jürgen Langer ein sehr schönes Kreuz, das mir viel bedeutet. Ich war sehr erschöpft. Die Nächte waren immer schlimm, denn ich schlief sehr wenig. Oft habe ich mich bis in die Nacht mit meiner Mutter unterhalten: über den Tod, über meine aktuelle Situation, über zu Hause und über die Zukunft.
Am 11.3.1994 bekam ich einen sehr leichten, pinkfarbenen Rollstuhl. Viel fahren konnte ich allerdings nicht, denn ich war sehr schwach (nur 7 Hb). Aber meine Eltern fuhren mich mit dem Rollstuhl an den Rhein, was mir sehr half. Um ein wenig „fitter“ zu werden, gaben mir die netten Schwestern zwei Blutkonserven.
Die folgende Nacht war schrecklich. Ich hatte hohes Fieber. Der nächste Tag sollte ohnehin ein Ruhetag werden, was auch dringend notwendig war.

Am Ende der Woche wurde mein Allgemeinzustand schlechter und schlechter. Ich bekam eine KMP, und nachdem ich aus der Narkose erwacht war, hatte ich wahnsinnige Rückenschmerzen, Tag und Nacht. Ich bekam 6 mg Morphin in der Stunde. Die Lage spitzte sich zu. Dieser Zustand blieb über die nächsten zwei Tage so. Der Professor stand unter Druck. Er mußte mit irgendeiner Therapie anfangen, sonst würde ich sterben. Ich konnte nicht mehr sitzen, nicht mehr stehen, da die Schmerzen so groß waren. Das Fieber ging kein bißchen herunter.

*Therapie*

Verschiedene Pathologen hatten sich widersprechende Krankheiten diagnostiziert. Weil aber etwas gemacht werden mußte, wurde eine Leukämie-Therapie begonnen. Wir bekamen einen Plan über 68 Tage, den ersten Block von dreien. Das erste Medikament war Cortison. Es erschien mir wie ein Wunder, als dies schon nach kurzer Zeit anschlug: Nach zwei Stunden hatte ich kein Fieber mehr. Bevor die nächste Nacht anbrach, verließ mich meine Mutter zum ersten Mal um 22.00 Uhr. Sie kam aber schon um 7.30 Uhr wieder zu mir in die Klinik zurück. Dann bekam ich Ultraschall von Hoden und Schilddrüse.
Die Suche nach einem soliden Tumor ging weiter. Wenn ich einen gehabt hätte, wäre ich vielleicht jetzt schon tot. Der Professor telefonierte mit acht Pathologen. Bei diesen Gesprächen stellte sich langsam heraus, daß meine Krankheit eventuell doch eine Leukämie sei, die aber so noch nie dagewesen war. Auf jeden Fall schlug die Therapie an, und der Professor meinte: „Never change a winning team!“
Ich hatte weniger Schmerzen, das Morphium wurde reduziert. Von nun an spürte ich jeden Tag eine Besserung. Schon bald war das letzte Schmerzmittel abgesetzt. Manchmal saß ich auf dem Bett und baute Legos. Täglich fuhr ich an den Rhein. Ich lenkte mich oft ab, indem ich spielte, einen Film guckte oder bastelte. Ich versuchte, mich vor dem Nachdenken zu hüten, was aber vor allem nachts nicht funktionierte.
Es war oft sehr langweilig in der Klinik, und ich hatte große Angst vor den Tagen, an denen ich LPs oder KMPs ohne Narkose bekam (15. Tag/33. Tag/LPs alle zwei Wochen). Folgende Zytostatika habe ich im Block 1 „gekostet“: Cortison, Vincristin, Daunorubicin, Asparaginase, Endoxan, Alexan, Merkaptopurin und Methotrexat. Ich habe diese eigentlich alle sehr gut vertragen.
Nun will ich einen Beispieltag im ersten Block beschreiben. 15. Tag: Ich stand

um 5.00 Uhr auf und wartete auf meine Mutter. Sie kam um 7.30 Uhr in mein Zimmer. Wir redeten kurz darüber, wie ich geschlafen hatte, und gingen dann frühstücken. Durch das Cortison aß ich sehr viel. Um 8.15 Uhr bekam ich drei Emla-Pflaster, eines in die Mitte zwischen dem 4. und 5. Lendenwirbel und die anderen zwei, eins links, eins rechts, auf den Beckenknochen. Um 9.15 Uhr wurde im Behandlungszimmer („Pieks"-Zimmer) eine KMP gemacht. Ich legte mich auf den Bauch, und der Arzt rammte mir eine sehr dicke Nadel ins Bekken. Dann zog er Knochenmark aus dem Beckenknochen. Es ging blitzschnell. Als dies vorüber war, bekam ich die LP. Ich setzte mich auf den Behandlungstisch und machte meinen Rücken so krumm, wie ich nur konnte. Ein anderer Arzt stieß mit einer sehr langen Nadel zwischen meinen 4. und 5. Lendenwirbelkörper, um etwas Liquor heraustropfen zu lassen und Methotrexat hineinzuspritzen. Den Rest des Tages mußte ich dann absolut flach liegen, damit sich das MTX verteilen konnte, ohne daß ich Kopfschmerzen bekam. Ich spielte etwas und aß, sofern ich das im Liegen konnte, und unterhielt mich mit meiner Mutter.

Nach knapp vier Wochen durfte ich zum ersten Mal nach Hause. Das „Stoppelhopsen", der ständige Wechsel zwischen Heimurlaub und Klinikaufenthalt, konnte beginnen. Zu Hause hatte ich mitten im Wohnzimmer ein riesiges Bett; ich schlief sehr viel. Immer war jemand bei mir. Ich tankte Kraft, die ich zum Durchhalten brauchte. Dann packte ich wieder meine Sachen, und ab ging's in die Klinik. Ich brachte stets mein eigenes kleines Kopfkissen und einige Lieblingssachen mit, um es mir etwas gemütlicher zu machen.
Meinen dreizehnten Geburtstag feierte ich in der Klinik. Alle sangen und gratulierten. Wir aßen Kuchen, und abends gab es für alle auf der Station ein leckeres Essen – leider hatten nur wenige Appetit. Trotz allem war es ein sehr schöner Tag.

### *Der zweite Block*

Der zweite Block begann am 31.5.1994. Ich bekam einen NHL-Plan (Non-Hodgkin-Lymphom), da die Pathologen und auch der Professor wohl doch eher auf ein Prae-T-Zell-Lymphom tippten. Dieses Protokoll unterschied sich vom ALL-Protokoll kaum. Ich hatte immer eineinhalb Wochen Pause und dann wieder zwei bis drei Tage Chemo. Dieser Block ging über einen Zeitraum von 56 Tagen, in denen ich nur MTX in Infusionen und LPs bekam. Merkaptopurin (Puri-Nethol) mußte ich den ganzen Block lang schlucken. Ich vertrug diese Chemo nicht so gut. In den drei Tagen MTX brach ich eigentlich nur, trotz Zofran. Mir war immer sehr übel. In den eineinhalb Wochen Pause erholte ich mich zum Glück wieder schnell.
Der zweite Block war für mich der schlimmste.
Daraus ein Beispieltag: Ich stand um 7.20 Uhr zu Hause auf. Meine Mutter und ich nahmen den am Tag zuvor gesammelten Urin und fuhren in die Klinik. Dort ging ich zuerst ins Labor, um ein Blutbild machen zu lassen. Das war nach 15 Minuten bestimmt. Es war so gut, daß die Chemo starten konnte. Mir wurde der Port angestochen, und ich bekam einen Infusionsständer. Dann gab es einen kurzen Vorlauf, danach den Beutel MTX. Dieser wurde angeschlossen, und ich durfte in mein Zimmer. Spätestens ab jetzt aß ich nichts mehr, und nach circa drei Stunden begann die Übelkeit. Nach einigen Spielen und Besuchen kam abends die LP. Die überwunden, wurde ich auf einer Liege in mein Zimmer gefahren und auf mein Bett gerollt. Ich sprach noch etwas mit meiner Mutter und schlief dann irgendwann ein.

Wenn die Chemo nach zwei Tagen durchgelaufen und mein MTX-Spiegel gut genug war, ging ich nach einer Abschlußuntersuchung nach Hause. Die Zeit verging, und langsam neigte sich dieser Block dem Ende zu. Das riesige Bett verschwand aus dem Wohnzimmer, weil es mir immer besser ging. Ich konnte schon viel unternehmen, zum Beispiel schwimmen gehen.

*Der dritte Block*

Der dritte Block begann am 8.8.1994 gleich mit einer KMP, die die Oberärztin ausführte. Es waren keine „bösen Blasten" mehr nachzuweisen. Dieser Block glich sehr dem ersten. Bis auf Dexamethason statt Prednison, Adriablastin und Thiuguanin bekam ich die gleichen Zytostatika. Er war 50 Tage lang. Das „Stoppelhopsen" begann wieder. Die Nächte waren immer stressig, denn durch das Dexamethason schlief ich einerseits sehr wenig, andererseits, wenn ich schlief, schwitzte ich wahnsinnig: Siebenmal pro Nacht mußte ich mich umziehen.

In den chemofreien Tagen war ich nicht ich selbst. Das Cortison verwandelte mich in einen so netten Jungen. Ich war wirklich sehr krank!
Nun möchte ich einen Cortison-Tag bei mir zu Hause beschreiben: Ich stand ungefähr um 4.00 Uhr morgens auf und zog mich an. Danach deckte ich den Frühstückstisch mit allen Speisen, die der Kühlschrank zu bieten hatte. Ich bügelte Wäsche, staubsaugte und kochte Rührei, so daß meine Familie pünktlich um 7.00 Uhr frühstücken konnte (mußte). Nach dem Frühstück machte ich die Küche sauber, ging sofort einkaufen und begann sogleich mit der Zubereitung des Mittagessens. Wenn dies fertig war, aß ich bestimmt fünfmal soviel wie sonst. Dann gab es eine kleine Verdauungssiesta bis 15.00 Uhr. Noch nicht ganz wach, grillte ich mir 12 kleine Würstchen auf einem Elektrogrill. Nachdem sie mit Genuß verzehrt waren, kochte ich das Abendessen. Hier noch ordentlich zugelangt, rollte ich mich ins Bett und träumte davon, was ich morgen kochen könnte.

Dieser Block veränderte mein Aussehen sehr. Ich verlor endgültig meine Haare und wurde etwas „dicklich“.
Aber zum Glück ging auch diese Zeit vorüber, und ich fand wieder Spaß am Zanken mit meiner kleinen Schwester.
Bevor dieser Block zu Ende war, begann die Bestrahlung.

*Bestrahlung*

Meine Dosierung waren 12 Gray, das heißt: 12 Tage lang 1 Gray. Am 14.9.1994 ging ich zum Vorstellungsgespräch, wobei mir ein Arzt die wichtigsten Sachen erklärte und mir das „Strahlenstudio“ zeigte. Ab Montag mußte ich nun vormittags um 9.00 Uhr dorthin gehen und meinen Kopf (Zentral-Nerven-System) bestrahlen lassen.
Das lief so ab: Ich zog meine Jacke aus und legte mich auf einen etwas gepolsterten Tisch. Wenn mein Kopf fixiert war, setzte der Arzt oder die Ärztin Bleiklötze in ein Netz, das vor meinem Kopf festgemacht war, um zum Beispiel die Augen vor der Bestrahlung zu schützen. Dann gingen alle Anwesenden, außer mir natürlich, hinaus, und die circa einminütige Bestrahlung begann. Ich nahm sie durch einen unangenehmen Geruch wahr. Der Arzt sagte, daß es an dem Ozon läge, was sich während der Bestrahlung bildete. Nachdem die eine Seite fertig war, wurde das Gerät gedreht, um die andere Seite zu bestrahlen.
Die Hauptnebenwirkung bei mir war, daß ich jedes Mal, bevor ich das Klinikgelände verließ, gebrochen hatte. Ansonsten war ich in dieser Zeit nur sehr müde.
Etwa nach sechs Wochen machten meine Eltern sich nochmals große Sorgen. Ich schlief ungeheuer viel und wirkte sehr schwach. Wie sich herausstellte, kam dies von der Bestrahlung. Kurz danach hatte ich mich dann jedoch ganz von der Bestrahlung erholt.

*Dauertherapie*

Die Dauertherapie, in der ich mich jetzt befinde, begann am 26.9.1994. Sie dauert noch bis März 1996. Während dieser Zeit muß ich nur MTX einmal in der Woche und Merkaptopurin täglich nehmen.
Langsam komme ich auch wieder auf Normalgewicht.

Im Oktober wurde ein MR (Magnet-Resonanz-Tomogramm) gemacht, um zu sehen, wie weit die Wirbelsäule schon geheilt ist. Da es sehr schlecht ausgefallen ist, darf ich noch keinerlei Sport machen. Diese Tatsache macht mich oft sehr traurig, weil ich vor der Krankheit in einer Mannschaft Tennis gespielt habe und dies auch wieder tun möchte.
Vor Weihnachten wurde mir 1 Liter Knochenmark entnommen und eingefroren – für alle Fälle.
Es ist jetzt acht Monate her, daß ich mit der Akut-Therapie fertig bin, und es geht mir von Monat zu Monat besser.

*Erfahrungen*

Ich habe natürlich unglaublich viele Erfahrungen gemacht – auch gute. Ärzte und Schwestern waren gut zu mir; es hat viele nette Menschen um mich herum gegeben, die mir sehr geholfen haben. Ich habe mich mit einigen anderen Jugendlichen auf der Station sehr gut verstanden. Bis tief in die Nacht saßen wir oft zusammen, haben erzählt und gespielt.
Leider sind auch einige Kinder gestorben.
Ich ging während meiner achtmonatigen Akut-Therapie nicht in die Schule, weil meinen Eltern und mir die Ansteckungsgefahr zu groß war. Wir hatten erlebt, daß ein Kind zurück in die Klinik kam mit einer Lungenentzündung, an der es verstarb. Dadurch verlor ich vielleicht den Kontakt zu meiner Klasse, andererseits hätten mich meine Klassenkameraden auch öfter mal besuchen können, was sie nicht getan haben.
Nachdem ich mich von der Bestrahlung erholt hatte, ging ich wieder regelmäßig zur Schule. Ich hatte keine großen Lücken, da ich in der Klinik mit dem Lehrer den Stoff gut aufgeholt hatte. Als ich dann auch noch von Frau Dr. Gauger Privatunterricht in Deutsch bekam, war meine schulische Situation gefestigt. Anfangs ging ich täglich nur zwei oder drei Stunden in die Schule, denn psychisch und körperlich verkraftete ich nicht mehr.
Überhaupt war der Beginn in der Schule für mich sehr enttäuschend. Ich gehe auf ein reines Jungengymnasium, wo für sentimentale Gefühle sowieso kein Platz ist. Ich glaubte, daß, wenn ich nach einer so harten Chemotherapie zurück in die Schule käme, mich meine Mitschüler respektieren und verstehen würden, auch wenn ich mich sehr verändert hätte. Doch es trat das Gegenteil ein: Keiner verstand mich. Schlimmer noch, meine Klasse bemühte sich nicht einmal,

mich zu verstehen. Keiner fragte mich irgend etwas. Man ging mir aus dem Weg. Fast alle gaben mir das Gefühl, daß ich nach einem „Schnupfen" wiedergekommen und nun natürlich der Schwächere sei. Wenn ich irgend etwas erzählen wollte, wandten sie sich meistens ab. Da ich auch noch keinen Sport machen durfte, zählte ich sowieso nicht in der Gemeinschaft.
So langsam komme ich jetzt wieder in der Schule zurecht, habe meine Freunde und meine Feinde.
Es ist schwer für mich, von dem „Verwöhnen", das ich zur Zeit der Akut-Therapie erleben durfte, loszukommen und mich dem „normalen" Leben anzupassen.

Stefan Pfeifer, geboren 17.5.1981 in Bonn. Besuch des Gymnasiums Collegium Josephinum in Bonn mit Abschluß Abitur. Wunsch für die Zukunft: Drummer in einer guten Band und Medizinstudium.

Ramona Malter

# Schmerzhafte Erinnerungen – das Leben geht weiter

Nach langen Überlegungen habe ich mich entschlossen, einen Bericht über meine Krankheit, meine Gedanken und Gefühle niederzuschreiben. Vielleicht hilft es mir, über das Geschehene hinwegzukommen, und anderen, die ähnliches erlebt haben oder erleben, zu erkennen, daß sie nicht allein sind.
Mit 17 Jahren fing ich eine Lehre als Köchin an. Der Job gefiel mir gut. Das einzige, was mich störte, war das viele Stehen und Umherlaufen. Das ging ganz schön in die Beine, und deswegen machte ich mir auch keine Gedanken darüber, als ich immer öfter ziemlich starkes Stechen im Knie feststellte.
Es zog sich ein paar Monate hin, ehe ich damit zum Hausarzt ging. Dieser verschrieb mir Tabletten, Sandpackungen und Reizstrom. Nach weiteren Untersuchungen kam man noch immer zu keinem Ergebnis. Ich kam mir schon vor wie ein Simulant.
Später wurde ich geröntgt, und man sah, daß sich etwas gebildet hatte – aber was? Kurz darauf wuchs ein Höcker am Knie. Man schickte mich in die Radiologie und untersuchte mich fast drei Stunden lang. Am nächsten Morgen erfuhr ich vom Orthopäden, daß ich sofort in die Uniklinik fahren sollte. Ein Bett sei schon reserviert, man warte auf mich.
In diesem Moment wußte ich genau, daß ich Krebs hatte. Ich fühlte das. Es war wirklich so, daß ich versuchte, mich schon vorher damit abzufinden, damit der Schock nicht allzu groß wäre, wenn man es mir sagte.
So war es auch: Die Diagnose – ein Geschwür; ob gut- oder bösartig, sollte eine Knochengewebsprobe ergeben.
Nach drei Tagen kam der Arzt zu mir und teilte mir stockend mit, daß es bösartig sei und ich eine Chemotherapie bekommen müsse. Ich hatte ein Osteosarkom, das ist Knochenkrebs. Der Tumor habe den Knochen so weit geschädigt, daß eine Operation notwendig sei.
Zu diesem Zeitpunkt war ich wie in Trance. Ich rief alle möglichen Leute an und teilte ganz unverblümt mit: „Leute, ich habe Krebs." Ich dachte nicht im Traum daran, was ich den Menschen damit antat. Die hatten hinterher einen größeren Schock als ich.
Jedenfalls wurde ich noch am selben Tag in die Kinderklinik verlegt. Man trug mich auf einer Trage in einen Vorraum und stellte mich ab, weil mein Bett noch

nicht fertig war. Ich sah mich um. Ringsherum sammelte sich eine Schar glatzköpfiger Fratzen – ja, so sah das für mich aus: leere, große Augen, dazu die Köpfe so kahl wie Babypopos. Ich heulte.
Dann die Verfrachtung in mein Zimmer. Es war ein Mädchenzimmer mit drei Betten. Als ich mich so weit beruhigt hatte, daß ich die Einzelheiten im Zimmer wahrnahm, sah ich zu meiner Überraschung, daß es alles andere als langweilig war, eher nett eingerichtet wie ein Kinderzimmer mit Fernseher, Video und Spielsachen. Nun gut, vielleicht würde ich es ja die nächsten acht Monate hier aushalten können.
Am nächsten Tag fing die Therapie an. Es war so ein rotes Zeug: Adriablastin, bei uns nur „Adri“ genannt. Den Tropf bekam ich über 48 Stunden. Man legte ihn an der Hand an und sagte, wenn es weh täte, sollte ich mich melden, denn wenn etwas danebenliefe, könnte es die Haut verätzen. So traute ich mich die ganze Zeit nicht, die Hand zu bewegen. Ich lag die 48 Stunden steif da. Nachts wachte ich auf und faßte an meinen Kopf, um zu sehen, ob noch alle Haare da waren.
Dann hatte ich eine Woche Pause, bevor das nächste Medikament, das MTX, dran war. Das war so ein gelbes Zeug, und schon während der Tropf lief, fingen meine Haare an auszufallen. Ich brauchte nur reinzufassen und hatte ein ganzes Büschel in der Hand. Komischerweise schockierte mich das gar nicht, ich fand es toll. Eine Schwester schnitt mir die restlichen Haare erst einmal ganz kurz, weil es lästig war, überall Haare herumliegen zu haben. Später ging ich zum Friseur und ließ den Rest abrasieren. So waren nur noch Stoppeln da, aber die fielen auch alle aus. Sogar die Wimpern, Brauen und Schamhaare.
Ich sah aus wie eine Nacktschnecke. Jetzt war ich auch eine von den glatzköpfigen Fratzen, die ich am ersten Tag gesehen hatte. Ich fühlte mich mit der Glatze total gut. Sie war so weich und glatt. Ich habe gerne darübergestreichelt.
Dann hatte ich wieder eine Pause. Wenn es mir gut ging und keine Bedenken von seiten der Ärzte da waren, konnte ich nach Hause. Das war prima, obwohl mir einiges schwerfiel. Ich war schwach, war oft müde und konnte mich schlecht konzentrieren. Aber das war Nebensache.
Ich besuchte meinen Betrieb und meine Berufsschule, wobei einigen fast die Augen rausgefallen wären. Trotzdem gab ich mich nicht anders als sonst auch, und so behandelte man mich weiterhin normal.
Ich bekam von meiner Klasse auch immer Besuch während der Therapie. Sie brachten mir selbstgebackene Torten mit. Zwar mußte ich hinterher meistens nur spucken, weil mein Magen immer verrückt spielte, aber das war egal.

Im Juli 1994 wurde ich operiert. Ich bekam eine Knieendoprothese. Danach war nichts mehr so, wie es mal war. Die Schmerzen waren fürchterlich. Zwar trösteten mich die Schwestern und Ärzte, aber ich war echt weg vom Fenster. Ich dachte: „Das hältst du nicht aus!“ Ich war dabei, mich aufzugeben. Ich wollte nicht mehr. Aber das mit dem Aufgeben war gar nicht so einfach. Das Leben geht trotzdem weiter – ob mit oder ohne mich. Also fing ich wieder an, alles positiv zu sehen.
Ich bekam weiter Therapie, doch mein Bein machte kaum Fortschritte. Nach der OP war ich auch ziemlich schwach. Ich bekam ein paar Bluttransfusionen. Dreimal während dieser ganzen Zeit war ich echt am Ende.
Einmal waren Mund und Rachen so entzündet, weil die Medikamente die Schleimhäute so angegriffen hatten, daß ich fast vier Wochen lang nichts Richtiges essen konnte, nur Pudding, der mir aus den Ohren herauskam. In dieser Zeit nahm ich 10 kg ab, und ich sah aus wie das Skelett aus dem Biologieunterricht. Mir ging es so hundeelend, und vor allem hatte ich Therapiepause: Ich hätte nach Hause gekonnt, durfte aber nicht.
Das zweite Mal war, als ich den ollen Cisplatin-Tropf bekam. Das Zeug war so stark, daß ich aus dem Übelsein gar nicht mehr rauskam. Ich bekam keinen Bissen herunter, mir war so schlecht. Ich hatte Kopfschmerzen und Fieber. Dazu noch jeden Tag zweimal die blöde Physiotherapie, die kaum Fortschritte brachte. Das Bein wurde nach einiger Zeit regelrecht steif.
Ich bekam Cisplatin, das war mein letzter Cis-Tropf. Mir ging es blendend, weil ich am letzten von acht Tagen nach Hause durfte. Aber während der Mittagsruhe bekam ich Fieber, und ich konnte nichts mehr sehen. Es war alles schwarz. Ich schrie und schrie und wollte immer nur trinken, was ich nicht konnte, weil ich es nicht drinnen behielt. Mein Blutdruck war so niedrig, daß ich schon fast in eine Krise kam. Dann ging alles sehr schnell: Bluttransfusion und Erhaltungstropf. Aus waren 14 Tage Pause zu Hause. Ich mußte in der Klinik bleiben. Ich hätte heulen können.
Der dritte Tiefschlag kam, als eine gute Freundin starb. Ich nahm das zunächst völlig teilnahmslos hin. Erst zu Hause bekam ich einen richtigen Anfall. Ich heulte ziemlich hysterisch los. Es war keiner da, der mich trösten konnte. Ich kam mir so alleingelassen vor. Ich hatte mit dem Mädchen noch chinesisch essen gehen wollen, wenn wir gesund wären. Das hatten wir mal ausgemacht. Das einzige, was mir in diesem Moment einfiel, war: „Wir wollten doch chinesisch essen gehen.“
Das ist jetzt schon einige Zeit her, aber immer wenn ich daran denke, werde ich

von einer ungeheuren Traurigkeit gepackt. Ich frage mich dann immer: „Warum?“
In der Zeit, die ich im Krankenhaus verbrachte, starben drei Kinder, die ich kannte. Sie tun mir so leid. Man kämpft Monate, Jahre um das Leben, und dann schafft man es doch nicht. Es ist für alle niederschmetternd: für die Eltern, Schwestern, für die Ärzte und für die Patienten. Aber man lernt, mit dem Tod zu leben. Jeder weiß es. Man spricht nicht darüber, aber alle sind betroffen. Ich jedenfalls habe nicht mehr so viel Angst vorm Sterben.
Keine Ahnung, ob ich so geworden wäre, wenn ich nicht diese Krankheit gehabt hätte. Ich habe in dieser Zeit so viel gelernt. Was ich da an Erfahrungen gewonnen habe, kann mir keiner nehmen.
Ich habe leider auch viele Freunde verloren. Vielleicht wußten sie nicht, wie sie mit mir umgehen sollten, oder hatten einfach Angst, mit meiner Krankheit konfrontiert zu werden. Aber ich habe auch viele neue, echte Freunde gefunden, meistens selbst Betroffene oder die man so kennenlernt bei der Kur oder in Krankenhäusern.
Auch lebe ich ganz anders, viel intensiver. Und ich lebe nur für heute und nicht für morgen. Morgen könnte es schon zu spät sein. Ich habe gesehen, wie viele Menschen sich für einen einsetzen. Zum Beispiel die Eltern der anderen Kinder. Die haben mich fast wie ihr eigenes Kind behandelt. Wir haben gespielt, uns unterhalten, und ich konnte mich an ihren Schultern ausweinen. Sie haben den Schieber weggebracht und die Nierenschalen entleert. Das war gar keine Frage.
Warum die anderen Eltern sich um mich gekümmert haben?
Meine Mutti kam – wenn es hochkommt – nur einmal in der Woche. Zum einen wohnten wir nicht gerade in der Umgebung Magdeburgs, aber das war kein Grund. Andere Eltern reisten auch von sonstwo an. Es gab immer so Sprüche wie: „Das Auto sprang nicht an“ oder irgend etwas anderes. Mutti war schwanger zu dieser Zeit und konnte unter anderem auch deswegen nicht so oft kommen. Als der Kleine da war, kam er auch nach Magdeburg, auf die Frühchenstation. Mutti kam trotzdem nur einmal die Woche: drei Stunden bei Rico und eine halbe bei mir. Auch wenn ich es nicht zeigte, das machte mich traurig. Es war mit der Zeit so ein Desinteresse da. Zumindest kam es mir so vor. Es war alles so normal bei ihr. Ich hätte mir mehr von meiner Mutter gewünscht. Ich brauchte sie, aber sie war nicht da.
Kann sein, daß sie mit allem nicht klarkam, zumal Rico auch noch behindert ist. Vielleicht war es ihr zuviel. Aber ich bin auch ihr Kind. Es hätte auch an-

ders gehen können. Von einem Besuch pro Woche her konnte sie sich gar nicht in das Krankenhausgeschehen hineinversetzen. Mutti kriegte nichts von all dem mit, wie es wirklich ablief. Wenn sie kam, versuchte ich immer, mich zusammenzureißen, einen auf „Mir geht's gut" zu machen, und wenn sie weg war, war nicht mehr alles so sonnig. Sie bekam nicht mit, wie schlecht es mir wirklich ging und daß es manchmal ganz schön an der Grenze war.
Ich meine an der Grenze, mich zu verlieren. Ich war oft mit mir und meinen Problemen, Gefühlen und Gedanken alleine, wie heute manchmal auch. Dennoch mache ich ihr keine Vorwürfe. Es ist vorbei. Ich habe es ja trotzdem geschafft. Es ist nun mal so, ändern kann ich nichts mehr.
Ich danke allen Schwestern und Ärzten der Kinderklinik, die wirklich alles tun, um eine erfolgreiche Behandlung ihrer Patienten zu erreichen. Ein Dankeschön an die lustigen Schwestern und Ärzte von der Orthopädie, die mir das Leben dort erleichtert haben, denn ich bin da ja fast Dauergast gewesen.
Leider ist mein Bein trotz mehrerer Operationen und Mobilisationen so gut wie steif. Aber auch damit werde ich fertig werden. Es ist jetzt endgültig, daß man da nichts mehr machen kann. Ich sage mir aber, daß es Schlimmeres gibt.
Ich bedanke mich auch bei meinem damaligen Freund für seine aufopfernde Hilfe. Er hat die ganze Zeit zu mir gehalten und nie gemeckert. Oft bin ich unausstehlich gewesen, das weiß ich. Ich war häufig depressiv und aggressiv, weil mich der ganze Mist durcheinanderbrachte. Ich kam nicht mehr klar, mit mir und der Umwelt. Er hat alles hingenommen und mich so genommen, wie ich bin. Ich konnte es irgendwie meinem Freund nie sagen, aber ich habe ihm unendlich viel zu verdanken. Vielleicht war er ja ein bißchen stolz auf mich, denn letztendlich habe ich mich nicht aufgegeben und habe versucht zu leben. Mit Erfolg.
Ich bin anders als andere. Damit hatte ich anfangs Probleme. Ich bin behindert, habe ein häßliches, vernarbtes Bein. Mittlerweile finde ich mich wieder normal. Ich habe nur einen kleinen Schönheitsfehler. Man muß erst lernen, damit umzugehen.
Im Moment habe ich noch Schwierigkeiten mit der Konzentration. Es fällt mir immer wieder auf, daß ich total vergeßlich bin, was ich vorher nicht war. Es ist wirklich so, daß ich manchmal gar nicht mehr weiß, was gestern war oder was ich vor ein paar Stunden getan habe. Aber das gibt sich hoffentlich noch.
Ich fange bald eine neue Lehre als Bürokauffrau an. Die Ausbildung zur Köchin habe ich abbrechen müssen, weil ich jetzt einen Beruf mit überwiegend sitzender Tätigkeit brauche.

Ich führe wieder ein fast normales Leben. Nur die Erinnerungen bleiben, und die sind manchmal schmerzhaft. Wenn ich etwas in der Zeitung lese oder im Fernsehen sehe, dann bekomme ich schon mal einen regelrechten Heulkrampf. Meine Psychologin hat mir gesagt, daß das sehr wichtig ist, hinterher alles auszuleben. Jetzt kommt natürlich die Phase, wo ich viel über das Geschehene nachdenke und vieles erst richtig begreife. Es ist ja nicht alltäglich, daß man dem Tod von der Schippe springt.
Im März 1996 fuhr ich für vier Wochen zur Kur für junge Erwachsene nach Schönwald-Katharinenhöhe. Das war für mich die größte Erfahrung meines Lebens. Ich habe mich noch nie irgendwo so wohl gefühlt. Ich konnte leben! Einfach nur „ich" sein, niemandem Rechenschaft ablegen, keinem was vorspielen. Jegliches Zeitgefühl ging verloren, und das war gut so!
Dort habe ich einen jungen Mann kennengelernt, der mir gezeigt hat, wieder zu leben und mit meinen Problemen fertig zu werden. Er hat mich einfach unwahrscheinlich gefordert und mich gelehrt, aus mir herauszukommen. Auf diesem Weg: danke!
Ich möchte mich nochmals bei allen Menschen bedanken, die in den letzten zwei Jahren mit mir zu tun hatten, mir geholfen und sich um mich gekümmert haben. Danke!

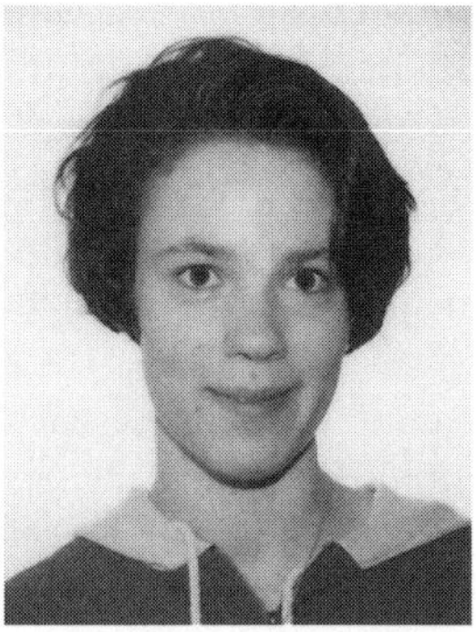

Ramona Malter, geboren 21.5.1975 in Wernigerode. 1982–1992 Besuch der Realschule mit erweitertem Abschluß. August 1992 Beginn einer Ausbildung zur Köchin. Von April 1994 bis Dezember 1995 Behandlung eines Osteosarkoms am Knie durch Polychemotherapie, Operation, Implantation einer Kniegelenksendoprothese und Mobilisationen. März 1996 Kur für junge Erwachsene in Schönwald-Katharinenhöhe. August 1996 Beginn einer Ausbildung zur Bürokauffrau.

Juliane Fröhlich

# „Ich wünsche euch viel Kraft, Stärke und Optimismus"

Gleich nach meinem Abitur bekomme ich im Sommer 1995 einen Ausbildungsplatz zur Kinderkrankenschwester. Ich bin zu diesem Zeitpunkt 18 Jahre alt, liebe Partys, Disco, Kino ... Nun ja, ich genieße das Leben. Ich habe auch meine Probleme, aber wer hat die nicht? Ich bin wohl eine typische Durchschnittsjugendliche. Aber ich bin glücklich. Ich habe eine Lehrstelle, muß mir auch sonst keine Sorgen machen. Was kann mir schon passieren?
Die Ausbildung ist trotz des Schichtdienstes und der manchmal auch körperlich anstrengenden Arbeit sehr schön. Die kleinen Patienten sind sehr dankbar. Ende Sommer 1996 komme ich für ein Praktikum für einige Wochen auf die Kinderkrebsstation. Anfangs habe ich einige Schwierigkeiten. Wie soll ich mit diesen Kindern bloß umgehen? Ich muß immerzu auf ihre kahlen Köpfchen und in die großen Augen sehen und habe Angst dabei, von ihnen ertappt zu werden und sie damit zu verletzen.
Doch ganz schnell verfliegen diese Berührungsängste. Ich lerne, daß man trotz einer so schweren Diagnose weiterleben kann, ohne die ganze Zeit traurig zu sein und zu weinen. Wie wichtig diese Erfahrung für mich sein wird, stellt sich kurze Zeit später heraus.

*„Es ist nicht wichtig, ob man krank oder gesund ist. Wichtig ist, was man aus Krankheit oder Gesundheit macht."*

Ich war als Kind nicht besonders oft krank. Einmal im Jahr habe ich eine Nasennebenhöhlenentzündung und plage mich mit einem leichten Dauerschnupfen herum, aber sonst gibt es nichts, dem man größere Bedeutung zumessen müßte. Doch seit einiger Zeit schwillt mir innerhalb von wenigen Stunden meine Nase völlig zu, und es bildet sich ein häßlicher Ausschlag an den Nasenlöchern, der sich später als Herpes herausstellen soll. Dies verschwindet auch wieder nach spätestens ein paar Tagen, und so halte ich es noch nicht für notwendig, einen Arzt aufzusuchen.
Ich bin immerzu müde, schlafe aber sehr schlecht. Ich kann mich kaum konzentrieren, schiebe das dann trotz manchmal 13stündigen Schlafes auf die Müdigkeit. Auch treten immer häufiger Kopfschmerzen, Blässe und Appetitlosigkeit auf.

Ich habe das Gefühl, immer schlechter Luft zu bekommen. Endlich bewege ich mich zu einem Arzt, der die Lunge röntgen läßt. Es ist alles in Ordnung, und es wird lediglich eine Nasen-Rachenentzündung festgestellt.
Trotz Antibiotika wird mein Zustand eher schlechter. Ich bekomme nach einem kleinen Kratzer eine schwere Entzündung am linken Zeigefinger und hohes Fieber.
Nun wird endlich eine Blutuntersuchung gemacht. Einige Stunden später soll ich mich in der Aufnahme des Krankenhauses melden, meine Blutergebnisse sähen nicht so gut aus. Ich wehre mich etwas. Ich bin doch noch nie im Krankenhaus gewesen, zumindest nicht als Patientin, und so schlimm kann das doch nicht sein, was ich da habe. Das war am 11.11.1996.
Am gleichen Tag noch wird mein Finger operiert. Diese OP muß nach einer Woche wiederholt werden, und nun steht nach einer Beckenkammpunktion auch die eigentliche Diagnose fest: Akute Myeloische Leukämie (AML).
Das kann doch nicht wahr sein! Wo soll die denn herkommen? Warum ich? Klar, ich habe nicht gerade gesund gelebt, aber andere sind doch noch viel schlimmer als ich.
Wegen meiner Vorkenntnisse benutzen die Ärzte viele Fremdwörter. Ich verstehe zwar, was sie mir sagen, aber ich habe doch keine Ahnung. Es macht alles ein bißchen leichter, weil es so fremd, so unpersönlich klingt. Es ist so, als passiere das alles jemand anderem, nicht mir.
Ich bekomme einen Zentralvenenkatheter, einen sogenannten Hickman-Katheter. Das ist toll. Nach einer Woche täglichen Stechens sehe ich nämlich schon aus wie ein Junkie.
Die erste Chemotherapie beginnt. Ich habe an den ersten drei Tagen noch keine Nebenwirkungen und nehme mir auch fest vor, solange es mir gut geht, im Rahmen meiner Möglichkeiten soviel Spaß, wie es geht, zu haben. Das ist aber nicht gerade einfach, wenn einen die Leute besuchen und nicht wissen, wie sie mit einem umgehen sollen. Einige sagen mir, wie schlimm das alles ist. Das will ich nicht hören, das weiß ich doch selber.
Nun ja, meine Haare werden ausfallen. Drei Jahre habe ich sie jetzt wachsen lassen. Ich bin sehr stolz auf meine langen blonden Haare. Aber spielt das jetzt noch eine Rolle? Ich lasse sie mir kinnlang abschneiden.
Die ersten Nebenwirkungen setzen ein: Übelkeit, Erbrechen, leichtes Fieber. Alles normal.
Nach sieben Tagen: Die erste Chemo ist überstanden. Warten auf die Leukos. Wieder Beckenkammpunktion.

Nach 14 Tagen steht fest: Komplette Remission. Nun wird nach einem geeigneten Knochenmarkspender gesucht. Ich habe großes Glück: Sowohl mein 17jähriger Bruder als auch meine 11jährige Schwester kommen als Spender in Frage.
Mitte Dezember erhalte ich die Konsolidierungstherapie in gleicher Dosierung und mit den gleichen Medikamenten wie bei der ersten Chemotherapie.
Die Haare sind nun völlig weg. Anfangs ist es ungewohnt und kalt gewesen, doch man gewöhnt sich sehr schnell daran.
Weihnachten habe ich zwar keine Therapie, aber die Blutwerte sind im Keller. Daher muß ich im Krankenhaus bleiben. Ich fühle mich nicht schlecht, und so wird es ein schönes, wenn auch ungewöhnliches Fest.
Auch meinen 20. Geburtstag verbringe ich auf der Station, ebenso Silvester. Wir wollen trotzdem feiern.
Daraus wird allerdings nichts. Ich bekomme hohes Fieber, meine Haut schmerzt, ich mag nicht berührt werden. Das soll auch genau einen Monat so bleiben. Ich leide in dieser Zeit ziemlich und denke so manches Mal, wie einfach es wäre, aufzugeben.
Ende Februar 1997, nach achtwöchiger Therapie, kommen die Blutwerte wieder. Die Ärzte entscheiden sich für eine möglichst baldige Knochenmarktransplantation, und ich werde nochmals am ganzen Körper nach Infektionen untersucht.
In der Lunge wird ein Herd entdeckt, der wahrscheinlich von einer Pilzinfektion herrührt. Dieser könnte bei der Hochdosis-Chemotherapie Probleme machen. Um sicherzugehen, wird nach einer Bronchoskopie, die keine Ergebnisse bringt, dieser Herd punktiert. Dabei kommt es zu Komplikationen. Ich bekomme einen Pneumo- und Hämatothorax (Luft und Blut in der Lunge), werde auf die Intensivstation verlegt und bekomme eine Drainage gelegt. Die Schmerzen sind trotz der Medikamente unbeschreiblich.
Aber es wird alles gut. Ich erhole mich wieder. Ich unternehme viel mit meinen Freunden, schöpfe neue Kraft. Meine Haare wachsen bereits wieder, und man sieht mir kaum noch an, wie krank ich bin.
Plötzlich wird in Kiel ein Bett für mich frei. Ich habe Angst, und es ist schwer für mich, die gerade gewonnenen Freiheiten wieder aufgeben zu müssen. Oftmals frage ich mich: Ist dieser Schritt nötig? Es geht mir doch so gut!
Anfang Mai komme ich in die Christian-Albrecht-Uniklinik nach Kiel auf die KMT-Station. Nach Bestrahlung und Chemotherapie erhalte ich am 5.5.1997 das Knochenmark meines Bruders. Ich verliere nochmals meine Haare, die ge-

rade erst wieder gewachsen sind, und habe auch sonst ziemliche Probleme mit meinem Aussehen.
Die Medikamente greifen die Schleimhäute an. Mein Mund ist eine einzige offene Wunde. Ich kann kaum noch sprechen und leide darunter, daß ich nicht mal mehr telefonisch mit meinen Freunden in Verbindung bleiben kann. In mein Zimmer dürfen aufgrund der hohen Infektionsgefahr nur drei verschiedene Besucher. Ich vermisse die Geselligkeit, die mir in Schwerin auf der Station immer so gut geholfen hat. Andererseits will ich auch nicht, daß mich jemand so häßlich, wie ich jetzt bin, sieht.
Als meine Blutwerte wieder da sind, ist die Freude groß. Ich habe es geschafft. 100 Tage muß ich mich noch vorsehen, Menschenansammlungen meiden, einen Mundschutz tragen, das Blutbild öfter einmal untersuchen lassen, eine Menge Medikamente nehmen ... Aber ich bin wieder zu Hause, kann im Prinzip wieder alles machen, wozu ich Lust habe.
Klar, ich habe mich verändert. Ich genieße viel mehr. Ich schwanke zwischen Verdrängen, Alles-vergessen-Wollen und Mich-immer-wieder-Erinnern, Darüber-reden-Wollen. Ich möchte ganz normal sein. Kann ich das noch?
Ich habe Probleme, über meine Gedanken und Gefühle zu sprechen. Wer versteht mich schon, wer kann meine Gedanken nachvollziehen?
Aber ich kann mich viel schneller freuen, da sind keine großen Dinge mehr nötig. Ich bin glücklich.
Am kommenden Montag werde ich meine Ausbildung wieder aufnehmen, am 3.11.1997 – nicht ganz ein Jahr, nachdem ich erkrankt bin.
Ich möchte meiner Mutter danken, die buchstäblich rund um die Uhr für mich da war, meiner restlichen Familie, meinen beiden Fränken, Elke, der Familie Hansen und all den anderen, die mir soviel Kraft gegeben haben. Ich glaube, ihr könnt nicht mal erahnen, wie wichtig ihr wart, seid und bleiben werdet. Ich habe viel von euch verlangt und weiß nicht, ob ich selbst meine Forderungen hätte erfüllen können, hätte jemand anders dort gelegen.
Vielen Dank auch den Ärzten und Schwestern, die an der Behandlung beteiligt waren.
Simone, Stephan, Lisa und all den anderen auf den onkologischen Stationen wünsche ich viel Kraft, Stärke und Optimismus.

Juliane Fröhlich, geboren am 26.12.1976 in Schwerin. Ab 1983 Besuch der Polytechnischen Oberschule. Zur 9. Klasse Wechsel zum Johann Wolfgang von Goethe-Gymnasium Schwerin. 1995 Abitur. August 1995 Beginn der Ausbildung zur Kinderkrankenschwester. November 1996 Erkrankung an einer Akuten Myeloischen Leukämie. Chemotherapie und allogene Knochenmarktransplantation im Mai 1997. 1.11.1997 Wiederbeginn der Ausbildung.

# Was ist Krebs?

Bei allen Krebsarten wird der Körper durch unkontrolliertes Wachstum von kranken Zellen bedroht. Ihre Vermehrung kann die Funktion der gesunden Körperzellen immer stärker behindern, so daß eine solche Fehlentwicklung unbehandelt zum Tode führt.
Es gibt unterschiedliche Arten von Krebs, wobei sich die Erkrankungen im Kindes- und Jugendalter von denen, die im Erwachsenenalter auftreten, wesentlich unterscheiden. Auch sind die Ursachen für diese Arten noch immer nicht erklärbar, wohingegen die Behandlungsmethoden inzwischen bei den jungen Patienten schon sehr gute Erfolge aufweisen. So kann man davon ausgehen, daß heute 2 von 3 betroffenen Kindern und Jugendlichen auf Dauer geheilt werden können.
Ein Großteil der bösartigen Erkrankungen im jungen Alter sind die Leukämien und Lymphome. Den Rest machen die verschiedenen soliden Tumoren aus: Das sind bösartige Geschwulste, die in praktisch allen Körpergeweben entstehen können.

*Leukämien*

Unter dem Begriff der Leukämien faßt man die bösartigen Erkrankungen der blutbildenden Organe zusammen. Überwiegend im Knochenmark werden die verschiedenen Blutzellen (Erythrozyten/rote Blutkörperchen, Thrombozyten/Gerinnungsplättchen und Leukozyten/weiße Blutkörperchen) produziert.
Leukozyten haben die wichtige Funktion der Infektionsabwehr. Durch eine nicht erklärbare Beeinflussung des Knochenmarks kann zum Beispiel die Entwicklung der weißen Blutkörperchen fehlgesteuert sein, so daß diese nicht ausreifen, sondern sich als funktionslose, unreife Zellen recht schnell vermehren. So verdrängen sie zum einen die anderen gesunden Zellen, aber auch die Erythrozyten und Thrombozyten; und da sie ihre sonst übliche Funktion der Infektionsabwehr nicht übernehmen können, schwächen sie zum anderen zunehmend die Abwehrkraft des Körpers. Ein so betroffenes Kind fällt meist durch extreme Blässe, Müdigkeit, Schlappheit und langwierige Infektionen auf; alle Anzeichen, die auch für den Beginn einer ganz normalen Kinderkrankheit sprechen könnten. Erst die Untersuchung des Blutbildes läßt die Art der Erkran-

kung erkennen, woraufhin man sofort die entsprechende Behandlung einleiten kann.
Behandelt werden Leukämien überwiegend mit Zytostatika, der sogenannten Chemotherapie, das heißt: mit zellzerstörenden oder -wachstumshemmenden Medikamenten.
Es gibt verschiedene Leukämien, wobei im Kindesalter die Akute Lymphoblastische Leukämie (ALL) am häufigsten auftritt, während die Akute Myeloische Leukämie (AML) und besonders die Chronische Myeloische Leukämie (CML) seltener vorkommen.

### *Lymphome*

Lymphome entstehen in den Geweben des Lymphsystems und sind im Kindesalter häufig nicht lokal begrenzt, weshalb sie – wie die Leukämien – zu den sogenannten systemischen Erkrankungen zählen. Unter dem Oberbegriff sind mehrere Krankheitsbilder zusammengefaßt, die sich primär an den bekannten Orten der Lymphknoten (zum Beispiel am Hals) zeigen, aber auch im Brust- und Bauchraum sowie im Zentralnervensystem auftreten können.
Wegen des systemischen Charakters wird in der Behandlung überwiegend Chemotherapie eingesetzt, wobei manche Untergruppen der Erkrankung zusätzlich bestrahlt werden. Auch bei Lymphomen gibt es vorher keine spezifischen Anzeichen für die Erkrankung, sondern erst durch eine gründliche Untersuchung, meist zusammen mit einer Gewebsprobenentnahme der geschwollenen Lymphknoten, kann die Diagnose gestellt werden.

### *Tumoren*

Das Wort „Tumor“ kommt aus dem Lateinischen und bedeutet „Knoten“, „Geschwulst“ oder „Verdickung“. Ein Tumor kann durch rasche Zellteilung überall im Körper entstehen. Es gibt gutartige Tumoren, das sind Schwellungen, die nur auf ein Gewebe begrenzt sind, und bösartige Tumoren, die sich auch auf die Nachbarorgane ausweiten oder in Form von Tochtergeschwulsten (Metastasen) im Körper streuen können.
Die Tumoren werden meist nach dem befallenen Gewebe benannt. So heißt zum Beispiel ein Tumor der Nervenzellen „Neuroblastom“, der Muskelzellen

„Rhabdomyosarkom“ oder der Knochen „Osteosarkom“. Einige werden auch nach ihren Entdeckern benannt, wie „Ewing-Sarkom“ (ein bestimmter Knochentumor) oder „Wilms-Tumor“ (Nierentumor).
Darüber hinaus können auch im Kopf Tumoren entstehen. Einige dieser Hirntumoren sind recht schwierig zu behandeln, besonders wenn sie – wegen der Lage im Gehirn – nicht vollständig entfernt werden können.
Früher wurden Tumoren lediglich operiert und/oder bestrahlt, doch hat man erst durch den Einsatz zusätzlicher Chemotherapie auch hier bessere Heilungschancen erzielen können, weil damit auch noch nicht sichtbare Metastasen im Körper vernichtet werden können. Heute werden viele Krebserkrankungen im jungen Alter nur mit Chemotherapie erfolgreich behandelt.
Oft werden bei den jungen Menschen die bösartigen Tumoren nur durch Zufall entdeckt und daher manchmal in fortgeschrittenem Stadium. Zum Beispiel wird man bei einem aktiven Jugendlichen mit unklaren Schmerzen im Bein eher daran denken, daß diese von einem Sportunfall herrühren als möglicherweise von der wuchernden Veränderung des Knochens, denn die Wahrscheinlichkeit des letzteren ist glücklicherweise sehr gering. Das Röntgenbild und die Biopsie (Gewebsprobenentnahme) geben dann Anhaltspunkte für weitere diagnostische Maßnahmen, die die Art und den Umfang der Erkrankung eindeutig festlegen können, damit gezielt behandelt werden kann.

*Die Behandlung*

Alle notwendigen Behandlungsmethoden sind für die jungen Patienten extrem belastend, ob es sich nun um Chemotherapie, Bestrahlung oder Operationen handelt.
Leider hat man noch keine tumorspezifische Therapie finden können, die nur die bösartigen Zellen vernichtet, das gesunde Gewebe aber nicht beeinflußt. Man muß immer noch in Kauf nehmen, daß durch den Einsatz von Zytostatika (Zellgifte) alle Zellen des Körpers getroffen werden – ganz besonders die schnell wachsenden Zellen. Dazu gehören nicht nur Krebszellen, sondern auch die Blutzellen und die der Schleimhäute, im Mund/Rachen-Raum und im Magen-Darm-Trakt, besonders auch die Zellen der Haare. So leiden die Patienten unter der Behandlung sehr, wenn sie wegen ihres wunden Mundes nicht schlucken können oder aufgrund der Medikamente sehr viel erbrechen müssen. Ihre Abwehrkraft ist immer wieder stark angegriffen, so daß sich ein kleiner Infekt

ohne Behandlung lebensgefährlich auswirken könnte. Darum müssen diese Patienten auch unter stetiger Aufsicht eines erfahrenen medizinischen Teams an den dafür vorgesehenen Zentren behandelt werden, um bei der Gefährlichkeit der Behandlung keine Risiken einzugehen.

Bei nahezu allen Kindern und Jugendlichen fallen durch die Therapie die Haare aus, eine sehr unangenehme Nebenwirkung, die aber nur vorübergehend ist. Nach Abschluß der Behandlung wachsen die Haare wieder nach. Viel einschneidender ist da die operative Entfernung des Tumors, wenn damit zum Beispiel ein Bein oder ein Arm amputiert werden muß. Die jungen Menschen müssen sich dann darauf vorbereiten, daß sie ihr Leben mit einer Prothese zu meistern haben.

Es läßt sich wohl unschwer vorstellen, was eine solche Entscheidung für einen jungen Menschen, der sein Leben noch vor sich hat, bedeutet, oder wie belastend die ständige – noch über viele Jahre anhaltende – Angst vor einem möglichen Rückfall sein kann. Viel Verständnis und sorgsame psychologische Führung sind neben einer optimalen klinischen Betreuung notwendig, um den Patienten und ihren Familien auch nach überstandener Krankheit die Chance zu geben, sich im „normalen Leben“ wieder zurechtzufinden. Diese Betreuung wird in den onkologischen Zentren angeboten. Und der Erfahrungsaustausch der Patienten untereinander kann einen wesentlichen Beitrag leisten.

## Wegweiser durch die Behandlung

Genauso, wie Fußballfans ohne weitere Erklärungen miteinander von „Mittelstürmer“ und „Libero“ sprechen, haben auch die Ärzte und Krankenschwestern ihr eigenes „Fachchinesisch“. Du wirst von ihnen Worte hören, die du nicht kennst, geschweige denn weißt, was sie bedeuten sollen. Wir haben hier die wichtigsten Begriffe gesammelt, die dir im Laufe der Behandlung begegnen können. Die Abschnitte beschreiben die medizinischen Maßnahmen und Eingriffe, die bei dir vorgenommen werden können. Wir haben uns bemüht, den Zweck und die Durchführung solcher Maßnahmen möglichst klar darzustellen, damit du hier nachlesen kannst kannst. Der zweite Teil ist ein kleines Stichwortlexikon, in dem du nachschlagen kannst, wenn wieder einmal ein Arzt mit dir „chinesisch“ redet.

*Angiogramm*

Ein Angiogramm ist eine röntgenologische Aufnahme des Blutgefäßsystems. Man kann auf einem Angiogramm einen Verschluß, eine Veränderung oder eine untypische Entwicklung eines Blutgefäßes erkennen, was Hinweise auf einen wachsenden Tumor geben kann. Bei der Untersuchung wird ein Kontrastmittel in die Gefäße gespritzt, wodurch diese sich auf dem Röntgenschirm darstellen lassen.
Bei Verdacht auf Krebsbefall des Lymphsystems macht man ein Lymphangiogramm, das auf ähnliche Weise durchgeführt wird.

*Bestrahlung*

Bei Bestrahlungen, auch Radiotherapie genannt, werden hochwirksame Röntgenstrahlen eingesetzt. Das Prinzip der Bestrahlung ist sehr einfach: Röntgen-, Radium- und Ionenstrahlen zerstören die Krebszellen. Wenn die Strahlen das Gewebe treffen, werden bestimmte Substanzen in den Zellen so verändert, daß eine Vermehrung nicht mehr möglich ist. Durch die Bestrahlung wird der Tumor verkleinert. Die Strahlenmenge tötet aber nicht nur die Krebszellen ab, sondern hat auch Einwirkungen auf das umliegende gesunde Gewebe.

Bestrahlungen werden allein oder in Kombination mit einer Operation und/oder Chemotherapie angewandt. Während der Behandlung hast du keinerlei Schmerzen. Die Situation ist ähnlich wie beim Röntgen, nur mußt du ein paar Minuten länger still liegen. Während der Bestrahlung darf sich außer dir keine andere Person im Raum aufhalten, damit sie nicht auch Strahlen abbekommt. Die Begleitpersonen warten deshalb in einem Nebenraum.
Ein Arzt wird dir vor Beginn der Bestrahlung Einzelheiten erklären. Er wird die Stelle des Körpers, die bestrahlt werden muß, mit einem Farbstift markieren. Diese Markierungen bleiben während der ganzen Behandlungsdauer, wasch sie also nicht ab. Manchmal werden die an das Behandlungsfeld angrenzenden Körperregionen mit Bleischürzen geschützt, durch die die Strahlen nicht durch können.
Während einer längeren Bestrahlungszeit solltest du besonders auf eine gute Pflege der bestrahlten Haut achten, da diese leicht austrocknet. Die Schwestern können dir Tips geben.

*Biopsie*

Eine Biopsie ist eine Gewebsentnahme aus dem Körper. Um festzustellen, ob ein Tumor gut- oder bösartig ist, muß man etwas Tumorgewebe herausnehmen und unter dem Mikroskop auf das Vorhandensein von bösartigen Zellen untersuchen. Die mikroskopische Untersuchung wird von einem Facharzt auf diesem Gebiet (Pathologe) durchgeführt.

*Blutuntersuchungen*

Jeder Patient, der Chemotherapie bekommt, muß zur Steuerung des Behandlungsablaufes regelmäßig Blutbilder gemacht bekommen, das heißt: es wird ihm entweder venöses Blut oder ein paar Tropfen aus der Fingerkuppe entnommen, das auf folgende Zusammensetzungen untersucht wird:

Weiße Blutkörperchen (Leukozyten)

Das Blut wird auf einen Objektträger ausgestrichen (Blutausstrich), und unter dem Mikroskop wird die Art der Zellen bestimmt. Die angegebene Zahl bezieht sich auf einen Kubikmillimeter Blut. Patienten, die Chemotherapie bekommen, haben generell weniger weiße Blutzellen als normal. In einem Ausstrich können außerdem Veränderungen der einzelnen Blutzellen erkannt werden.

Thrombozyten

Die Zahl der Thrombozyten (Blutplättchen) wird auch in Bezug auf einen Kubikmillimeter Blut angegeben. Die Ursachen für eine niedrige Thrombozytenzahl können eine Infektion, ein Rezidiv (Rückfall) oder auch die Nebenwirkungen der Chemotherapie sein. Zur Feststellung der Ursachen müssen noch weitere Untersuchungen vorgenommen werden.

Rote Blutkörperchen (Erythrozyten)

Beim Ausstrich der roten Blutkörperchen wird auch die Anzahl der Zellen bestimmt sowie der Anteil der Retikulozyten (junge rote Blutzellen). Des weiteren wird das Hämoglobin und der Hämatokritwert bestimmt.

Hämoglobinbestimmung (Hb)

Hämoglobin ist eine Substanz in den roten Blutzellen, die den Sauerstoff transportiert und für die rote Farbe des Blutes verantwortlich ist. Ist der Hämoglobingehalt geringer als normal, hat der Patient eine Anämie, deren Ursache bestimmt werden muß, um sie entsprechend behandeln zu können. Tritt im Verlauf der Behandlung plötzlich eine Anämie auf, so kann das eine Nebenwirkung der Zytostatika (Chemotherapeutika) oder auch ein Hinweis auf ein mögliches Rezidiv sein.

Hämatokritbestimmung

Der Hämatokritwert gibt den prozentualen Anteil der verschiedenen Blutzellen im Blut an. Ein niedriger Hämatokritwert weist auf eine Anämie hin.

*Chemotherapie*

Chemotherapie ist eine Behandlung mit zellzerstörenden Medikamenten. Diese Medikamente werden meistens intravenös, also in die Vene gespritzt, können aber auch als Tabletten oder Säfte oral gegeben werden; weit seltener werden sie intramuskulär (in den Muskel) oder subcutan (unter die Haut) gespritzt. Auf diesen verschiedenen Wegen gelangen die Medikamente in die Blutbahn und werden so im ganzen Körper verteilt. Eine andere Möglichkeit, die bei Hirntumoren oder vorbeugend zum Schutz des zentralen Nervensystems bei Leukämie angewandt wird, ist die Injektion von krebszerstörenden Mitteln in die Spinalflüssigkeit (die Flüssigkeit, die das ZNS = Zentrale Nervensystem umgibt).

Der Einstich in die Vene kann etwas schmerzhaft sein, und auch das Medikament selbst kann beim Spritzen „brennen". Es ist wichtig, daß die Nadel genau in der Vene liegt, damit die Medikamente nicht neben die Vene gespritzt werden, da dies unter Umständen zu Gewebsschäden führen kann.

Die Spritzen werden immer von Ärzten und ausgebildeten Schwestern gegeben, aber die Tabletten können auch zu Hause eingenommen werden. Wenn du nicht gerne Tabletten nimmst, trink einen Schluck Saft oder lutsche ein Stück Schokolade hinterher; so kannst du dir selbst diese Therapie etwas „versüßen". Wenn du die Tabletten selbständig zu Hause und nicht in der Klinik einnimmst, solltest du dir ein System ausdenken, nach dem du jederzeit überprüfen kannst, ob du die Medikamente richtig und regelmäßig eingenommen hast. Du kannst dir zum Beispiel einen speziellen Kalender zulegen, auf dem du immer einträgst, wann du eine Tablette nehmen mußt und ob du sie tatsächlich genommen hast. Solche „Gedächtnisstützen" können außerdem auch für deinen Arzt sehr hilfreich sein, wenn er die Medikamenteneinnahme einmal kontrollieren muß.

*Computer-Tomogramm*

Ein Computer-Tomogramm (CT) ist ein besonderes Röntgenverfahren, durch welches ungewöhnliche Gewebsmassen im Körper entdeckt werden können. Während du still liegst, dreht sich ein computergesteuerter Röntgenstrahl um dich herum. Innerhalb von Sekunden registriert die Maschine Tausende von Informationen, die als Querschnitt auf einem Bildschirm erscheinen. Die Aufnahmen lassen sich aufzeichnen und können dadurch später in Ruhe ausgewertet werden.

### *Harnstatus*

Vor der Verabreichung bestimmter Medikamente ist es notwendig, den Harnstatus zu kennen. Es wird deshalb bestimmt, wieviel Eiweiß, Zucker, Gallenfarbstoff, Säure und Blutfarbstoffe der Urin enthält. Das geschieht durch chemische Verfahren und unter dem Mikroskop.

### *Sammelharn*

Manchmal ist es notwendig, über eine bestimmte Zeit, z. B. 24 Stunden, den gesamten Urin zu sammeln, um die Nierenfunktion zu prüfen. Dabei wird bestimmt, wie eine für die Nierenfunktion typische Substanz (Kreatinin) vom Blut durch die Niere gefiltert wird.

### *Knochenmarkspunktion*

Bei der Knochenmarkspunktion (KMP) wird Gewebe aus dem Knochenmark entnommen, um es unter dem Mikroskop betrachten und analysieren zu können. Im Knochenmark befinden sich Blutstammzellen, aus denen die normalen Blutzellen heranreifen. Weisen diese Stammzellen Veränderungen auf, kann dies auf eine Leukämie hinweisen. Bei Patienten, die an einer Form von Krebs erkrankt sind, wird mit Hilfe dieser Untersuchung festgestellt, ob sich die Krankheit schon bis zum Knochenmark ausgebreitet hat.
Die Knochenmarkspunktion wird bei Kindern meistens am Beckenknochen vorgenommen, während bei Erwachsenen häufig das Brustbein punktiert wird. Kinder liegen dabei auf dem Bauch. Zuerst wird die Punktionsstelle mit einer Desinfektionslösung gereinigt, um die Bakterien, die sich auf der Haut befinden, abzutöten. Dann kann die Haut mit einem örtlichen Betäubungsmittel schmerzunempfindlich gemacht werden. Die Knochenmarkskanüle wird durch die Haut in den Knochen gebohrt. Das erzeugt ein Druckgefühl und Schmerzen. Wenn die Nadel richtig liegt, wird das Knochenmark schnell mit einer Spritze ausgezogen (aspiriert). Dies kann recht schmerzhaft sein, dauert aber

nur ein bis zwei Sekunden an. Weil dieser Eingriff so kurz ist, wird meist auf eine generelle Betäubung mit den dadurch entstehenden Risiken verzichtet. Die KMP ist nicht gefährlich, kann aber ziemlich anstrengend sein. Wenn du Angst hast, versuche dich zu beruhigen. Überlege, was dir in dieser Situation am meisten hilft: das kann die Anwesenheit deiner Mutter oder einer Krankenschwester sein, die du besonders magst, oder du versuchst Entspannungsübungen wie autogenes Training. Wenn du dich entspannst, wirst du auch weniger Schmerzen empfinden. Normalerweise ist die Punktionsstelle nur vorübergehend empfindlich. Du kannst dann sofort aufstehen und herumlaufen.

*Lumbalpunktion*

Bei einer Lumbalpunktion (LP) wird Flüssigkeit aus dem Spinalkanal entnommen. Um festzustellen, ob sich Krebszellen in der zerebrospinalen Flüssigkeit (das ist die Flüssigkeit, die das Gehirn und das Rückenmark umgibt) befinden, untersucht man diese unter dem Mikroskop. Eine Lumbalpunktion wird außerdem vorgenommen, wenn Medikamente direkt in die Spinal-Flüssigkeit gegeben werden müssen.
Während der LP sitzt du oder liegst auf der Seite. Auf jeden Fall ist es wichtig, daß du einen „Katzenbuckel" machst, also dein Rückgrat so stark wie möglich rundest. Wenn du in der richtigen Position sitzt, wird die Punktionsstelle desinfiziert. Das kann für einen Moment etwas kühl auf der Haut sein. Damit du dich wirklich nicht bewegst, mußt du in dieser Stellung festgehalten werden, während die Nadel zwischen den Wirbelkörpern in den Spinalkanal eingeführt wird.
Man läßt dann etwas von der Rückenmarksflüssigkeit in ein Röhrchen tropfen. Eine solche Probe wird meist auf den Zucker- und Eiweißgehalt untersucht sowie auf das eventuelle Vorhandensein von Blut- und Krebszellen. Wenn man eine Kultur ansetzt, kann man zudem überprüfen, ob du eine Infektion hast oder nicht. Nach Entnahme der Flüssigkeit können durch die gleiche Punktionskanüle Medikamente direkt in die Rückenmarksflüssigkeit gegeben werden, wenn dieses notwendig ist.
Die Lumbalpunktion, das heißt, der Einstich kann schmerzhaft sein. Auch hier hilft es, wenn du möglichst ruhig bist und dich entspannst.
Normalerweise hast du hinterher keine Beschwerden, aber manchmal können doch Kopfschmerzen auftreten. Dieses kann man meistens dadurch verhindern,

daß du dich für eine Stunde (oder länger) hinlegst. Wenn Zytostatika in die Rückenmarksflüssigkeit injiziert wurden, können ebenfalls Erbrechen, Kopfschmerzen und Übelkeit auftreten. Dagegen kann dein Arzt dir Medikamente geben.

*Operationen*

Bei vielen soliden Tumoren sind Operationen notwendig. Wenn der Tumor sehr groß ist, werden vor der Operation Chemotherapie und vielleicht auch Bestrahlungen angewandt, um den Tumor zu verkleinern und dadurch den operativen Eingriff zu erleichtern.
Es ist normal, wenn du vor einer Operation Angst hast, das empfindet jeder Mensch. Aber friß die Angst nicht in dich hinein, sondern rede darüber mit deinen Eltern, Ärzten und Krankenschwestern. In manchen Krankenhäusern ist es möglich, daß du vor der Operation die chirurgische Abteilung besuchst und die Ärzte und Schwestern dort kennenlernst. Manchmal ist es auch möglich, daß du den Operationssaal besichtigen darfst und dir ein Arzt oder eine Schwester zeigt und erklärt, was mit dir gemacht wird. Wenn dir das hilft und dir deine Angst nimmt, solltest du unbedingt danach fragen.
Rede frei und offen über deine Gefühle und Ängste und schäme dich nicht, daß deine Fragen „dumm" sein könnten. Fragen sind nie dumm, denn es ist normal, daß du viel wissen möchtest. Wenn du es wünschst, kann dein Arzt vielleicht auch ein Treffen mit einem Patienten arrangieren, der die gleiche oder eine ähnliche Operation durchgemacht hat und der dir über seine Erfahrungen berichten kann.

*Szintigramme oder Radio-Isotopen-Untersuchungen*

Diese Untersuchungen werden gemacht, um Veränderungen in der Leber, im Gehirn, in den Knochen und in anderen Organen zu entdecken. Bei diesen Tests können Chemikalien, die sich in bestimmten Organen ansammeln, mit harmlosem, radioaktivem Material sichtbar gemacht werden, welches intravenös gegeben wird. Mit Hilfe von „Geigerzählern", hier Röntgenplatten, kann die Anreicherung radioaktiven Materials im Körper sichtbar gemacht werden. Der Arzt kann auf diese Weise zum Beispiel Tumormassen in Organen feststellen.

Auch wenn das Material radioaktiv ist, so bist du selbst weder während noch nach der Untersuchung radioaktiv.

*Ultraschalluntersuchungen („Echo")*

Tumoren können auch durch Ultraschalluntersuchungen sichtbar gemacht werden. Bei einer solchen Untersuchung werden hochfrequente Ultraschallwellen, die vom menschlichen Ohr nicht vernommen werden können, auf das Gewebe gerichtet und von dort zurückgeworfen. Das Tumorgewebe verändert die Schallreflexion und kann ein anderes „Echo" als normales Gewebe haben.
Da die Ultraschalluntersuchung keine erkennbaren Nebenwirkungen hat, kann diese Untersuchung auch häufiger eingesetzt werden; so ist sie zum Beispiel eine gute Maßnahme zur Verlaufsbeobachtung während und nach der Behandlung.

## Literatur zum Thema „Krebs im Kindes- und Jugendalter“

*Medizinische Informationen und Handbücher*

Bode, Gerlind und Ulla Schmalenbach: Ratgeber: *Mein Kind hat Krebs.* Ein Handbuch für Eltern krebskranker Kinder. In überarbeiteter Neuauflage zu erhalten bei: DLFH-Dachverband, Joachimstraße 20, 53113 Bonn (Schutzgebühr).

Bode, Gerlind und Marlies Hoffmann: *Wenn ein Schüler Krebs hat.* Ein Leitfaden für Lehrer. Zu erhalten bei: DLFH-Dachverband, Joachimstraße 20, 53113 Bonn (Schutzgebühr).

Deutsche Krebshilfe e. V.: *Krebs im Kindesalter.* Ein Ratgeber für Eltern krebskranker Kinder und Jugendlicher. Kostenlos zu erhalten bei der Deutschen Krebshilfe, Thomas-Mann-Straße 40, 53115 Bonn.

Frank, Gisela: *Leben mit einem Tumor.* Ein Buch für Kinder, Jugendliche und ihre Eltern. Münster: Druckwerkstatt, 5. Auflage, 1995. Zu erhalten bei: DLFH-Dachverband, Joachimstraße 20, 53113 Bonn (Schutzgebühr).

Gaes, Geralyn und Craig: *Du sollst leben.* Rat und Trost für Familien krebskranker Kinder. Aus dem Amerikanischen übersetzt von Gabriela Schönberger-Klar. Hamburg: Carlsen-Verlag, 1993.

Häberle, Heide und Dietrich Niethammer (Hrsg.): *Leben will ich jeden Tag.* Umfassender Ratgeber für den Umgang mit krebskranken Kindern und Jugendlichen. Freiburg: Verlag Herder, 1995.

Kremens, Bernhard: *Leukämie. Was ist das?* Ein Buch für Kinder und Eltern. Münster: Druckwerkstatt, 7. korr. Auflage 1995. Zu erhalten bei: DLFH-Dachverband, Joachimstraße 20, 53113 Bonn (Schutzgebühr). Die Krankheitsbilder der Leukämien im Kindesalter und deren Therapie werden für Kinder verständlich erklärt.

Schroeder, Joachim, I. Hiller-Ketterer, W. Häcker, M. Klemm u. E. Böpple: *Liebe Klasse, ich habe Krebs!* Pädagogische Begleitung lebensbedrohlich erkrankter Kinder und Jugendlicher. Eine wichtige, umfassende Handreichung für Lehrer, Psychologen und Erzieher, die ihnen hilft, die Herausforderung im Umgang mit lebensbedrohlich erkrankten Kindern und Jugendlichen anzunehmen. Tübingen: Attempto-Verlag, 1996.

*Was nun? Was tun!* Ein Ratgeber für jugendliche Krebspatienten und ihre Freunde. Hrsg.: Deutsche Leukämie-Forschungshilfe – Aktion für krebskranke Kinder e. V. und Deutsche Krebshilfe e. V. Zu erhalten bei: DLFH-Dachverband, Joachimstraße 20, 53113 Bonn (Schutzgebühr).

*Erfahrungsberichte*

Bearison, David J.: *Keiner spricht mit mir darüber.* Krebskranke Kinder erzählen von ihren Erfahrungen. Erfahrungsberichte krebskranker Jugendlicher. Aus dem Amerikanischen übersetzt von Barbara Steckhan. München: Knaur-Taschenbuch, 1993.
Berger, Larry und Dahlia Lithwick: *Lieder auf das Leben.* Sieben Kinder erzählen von ihren Erfahrungen mit bösartigen Krankheiten, mit einer Einleitung von Paul Newman. Aus dem Amerikanischen übersetzt von Inge Holm. München: Knaur-Taschenbuch, 1993.
Bombeck, Erna: *Guten Morgen, lieber Tag!* Kinder, die den Krebs besiegen. Aus dem Amerikanischen übersetzt und angepaßt für den hiesigen Gebrauch. Ein Buch voll Mut und Hoffnung mit Interviews und Berichten von und mit krebskranken Kindern, Jugendlichen und deren Eltern. Bergisch Gladbach: Lübbe-Verlag, 1990, auch als TB erhältlich.
Graely, Lucy: *Mein Gesicht ist meine Seele.* Erfahrungsbericht einer jungen Frau, die als Jugendliche an Krebs erkrankt war und unter den Folgen einer radikalen Gesichtsoperation und Bestrahlung zu leiden hat. München: Knaur, 1995.
Hartz-Geitel, Ellen: *Mama, wir beide, wir schaffen das schon!* Eine Mutter berichtet über ihre Erfahrungen mit ihrer an Osteosarkom erkrankten Tochter, bei der eine Umkehrplastik vorgenommen werden muß. Solothurn und Düsseldorf: Patmos-Verlag, 1995.
*Lebenskandidaten – Grenzerfahrungen.* Grenzerfahrungen und Alltägliches von jungen Menschen mit Krankheit und Behinderung. Hrsg.: Monika Quack-Klemm, Andreas Kersting-Wilmsmeyer und Michael Klemm. Tübingen: Attempto-Verlag, 1994.
Mohr, Mavi: *Ein Elefant gab mir die Hand.* Ein lebendiges Zeugnis einer jugendlichen Krebspatientin über ihre Erfahrungen mit der Erkrankung. Stuttgart: Kreuz-Verlag, 1997.
Schreiber, Mark: *Prinzen im Exil.* Aus dem Amerikanischen übersetzt von Ulla

Neckenauer. Die Geschichte eines Jugendlichen mit Hirntumor, der im Sommercamp lernt, sich besser mit der Krankheit abzufinden. Für jugendliche Patienten und ihre Freunde geeignet. Wien/München: Jungbrunnen-Verlag, 1994.
Zachert, Christel und Isabell: *Wir treffen uns wieder in meinem Paradies.* Eine Mutter läßt die Zeit der Behandlung ihrer verstorbenen Tochter Revue passieren durch Tagebuchaufzeichnungen, Briefe und Berichte. Bergisch Gladbach: Lübbe-Verlag, 1993, auch als TB erhältlich.

# Adressen

Hilfe, Rat und Informationen für Familien mit einem krebskranken Kind/Jugendlichen:

*Deutschland:*
Deutsche Leukämie-Forschungshilfe (DLFH)
Aktion für krebskranke Kinder e. V.
(Dachverband der Elterngruppen)
und Deutsche Kinderkrebsstiftung
Joachimstraße 20
D-53113 Bonn
Tel.: + 49 – 2 28/9 13 94 30
Fax: + 49 – 2 28/9 13 94 33
Die Adressen aller örtlichen Elterngruppen können hier abgefragt werden. Eine stets überarbeitete Leseliste zum Thema und Informationsschriften sind hier erhältlich.

*Österreich:*
Kinder-Krebs-Hilfe Österreich (Dachverband)
Kinderspitalgasse 6
A-1 090 Wien
Tel.: + 43 – 1/4 02 88 99
+ 43 – 1/4 05 10 20

*Schweiz:*
Schweizerische Interessengemeinschaft für krebskranke Kinder (SIKK)
Sonnenrain 4
CH-4 534 Flumental
Tel. u. Fax: + 41 – 32/6 37 30 85
+ 41 – 32/6 37 03 67